国家科学技术学术著作出版基金资助出版

大连理工大学管理论丛

复杂产品系统集成商创新控制力

苏敬勤　刘　静　著

国家自然科学基金项目"复杂产品系统集成商价值链分解权管理研究"
（项目号：71502024）

国家自然科学基金项目"管理研究中的中国情境——架构、识别与 CCR
识别方法"（项目号：71372082）

科学出版社

北　京

内 容 简 介

本书基于控制力视角，对复杂产品系统集成商创新控制力进行系统研究，剖析创新控制力的三个结构维度，即核心技术控制力维度、网络控制力维度和市场控制力维度，并分别从静态视角剖析上述三个维度的构成要素，从动态演化视角分析上述三个控制力的变化规律，由此系统而又全面地丰富复杂产品系统创新领域的相关理论。从全书的结构来看，作者的思路是从整体到局部、从静态到动态，并主要围绕复杂产品系统集成商的创新实践活动而展开。

本书不仅对创新能力、复杂产品系统产业创新、企业管理等专业研究人员具有参考价值，而且对正在思考如何培育复杂产品系统企业创新能力的各级政府领导者、企业管理者也有重要的阅读价值。

图书在版编目（CIP）数据

复杂产品系统集成商创新控制力 / 苏敬勤，刘静著.—北京：科学出版社，2016

（大连理工大学管理论丛）

ISBN 978-7-03-048918-0

Ⅰ. ①复… Ⅱ. ①苏…②刘… Ⅲ. ①产品更新–研究 Ⅳ. ①F273.2

中国版本图书馆 CIP 数据核字（2016）第 136545 号

责任编辑：马 跃 / 责任校对：薛 静
责任印制：霍 兵 / 封面设计：无极书装

科 学 出 版 社 出版

北京东黄城根北街 16 号
邮政编码：100717
http://www.sciencep.com

中国科学院印刷厂 印刷

科学出版社发行 各地新华书店经销

*

2016 年 6 月第 一 版 开本：720×1000 1/16
2016 年 6 月第一次印刷 印张：8 1/4
字数：190 000

定价：68.00 元

（如有印装质量问题，我社负责调换）

丛书编委会

总　序

　　编写一批能够反映大连理工大学管理学科科学研究成果的专著，是几年前的事情了。这是因为大连理工大学作为国内最早开展现代管理教育的高校，早在1980年就在国内率先开展了引进西方现代管理教育的工作，被学界誉为"中国现代管理教育的先驱，中国MBA教育的发祥地，中国管理案例教学法的先锋"。大连理工大学管理教育不仅在人才培养方面取得了丰硕的成果，在科学研究方面同样取得了令同行瞩目的成绩。例如，2010年时的管理学院，获得的科研经费达到2 000万元的水平，获得的国家级项目达到20多项，发表在国家自然科学基金委管理科学部的论文达到200篇以上，还有两位数的国际SCI、SSCI论文发表，在国内高校中处于领先地位。在第二轮教育部学科评估中，大连理工大学的管理科学与工程一级学科获得全国第三名的成绩；在第三轮教育部学科评估中，大连理工大学的工商管理一级学科获得全国第八名的成绩。但是，一个非常奇怪的现象是，2000年之前的管理学院公开出版的专著很少，几年下来往往只有屈指可数的几部，不仅与兄弟院校距离明显，而且与自身的实力明显不符。

　　是什么原因导致这一现象的发生呢？在更多的管理学家看来，论文才是科学研究成果最直接、最有显示度的工作，而且论文时效性更强、含金量也更高，因此出现了不重视专著也不重视获奖的现象。无疑，论文是重要的科学研究成果的载体，甚至是最主要的载体，但是，管理作为自然科学与社会科学的交叉成果，其成果的载体存在方式一定会呈现出多元化的特点，其自然科学部分更多的会以论文等成果形态出现，而社会科学部分则既可以以论文的形态呈现，也可以以专著、获奖、咨政建议等形态出现，并且同样会呈现出生机和活力。

　　2010年，大连理工大学决定组建管理与经济学部，将原管理学院、经济系合并。重组后的管理与经济学部以学科群的方式组建下属单位，设立了管理科学与工程学院、工商管理学院、经济学院以及MBA/EMBA教育中心。重组后的管理与经济学部的自然科学与社会科学交叉的属性更加明显，全面体现学部研究成果的重要载体形式——专著的出版变得必要和紧迫了。本套论丛就是在这个背景下产生的。

　　本套论丛的出版主要考虑了以下几个因素：第一是先进性。要将学部教师的最新科学研究成果反映在专著中，目的是更好地传播教师最新的科学研究成果，为推进管理与经济学科的学术繁荣做贡献。第二是广泛性。管理与经济学部下设的实体科研机构有 12 个，分布在与国际主流接轨的各个领域，所以专著的选题具有广泛性。第三是纳入学术成果考评之中。我们认为，既然学术专著是科研成果的展示，本身就具有很强的学术性，属于科学研究成果，有必要将其纳入科学研究成果的考评之中，而这本身也必然会调动广大教师的积极性。第四是选题的自由探索性。我们认为，管理与经济学科在中国得到了迅速的发展，各种具有中国情境的理论与现实问题众多，可以研究和解决的现实问题也非常多，在这个方面，重要的是发动科学家按照自由探索的精神，自己寻找选题，自己开展科学研究并进而形成科学研究的成果，这样的一种机制一定会使得广大教师遵循科学探索精神，撰写出一批对于推动中国经济社会发展起到积极促进作用的专著。

　　本套论丛的出版得到了科学出版社的大力支持和帮助。马跃社长作为论丛的负责人，在选题的确定和出版发行等方面给予了自始至终的关心，帮助学部解决出版过程中的困难和问题。特别感谢学部的同行在论丛出版过程中表现出的极大热情，没有大家的支持，这套论丛的出版不可能如此顺利。

　　　　　　　　　　　　　　　　　　　　　　大连理工大学管理与经济学部

　　　　　　　　　　　　　　　　　　　　　　　　2014 年 3 月

前　言

　　制造业作为国民经济的支柱产业，其发展水平通常是一个国家综合实力的重要标志，同时也是一个国家国际竞争力的重要来源。改革开放30余年，我国国内生产总值（GDP）高速发展，目前，我国已经超越日本成为全球第二大经济体。其中，作为制造业技术创新（innovation）体系研究中的一个崭新分支，复杂产品系统（complex products and systems，Cops）产业的高速发展对我国经济发展贡献巨大。例如，英国和欧盟国家通过复杂产品系统创新实现了产业结构的合理调整，且成为其在国际经济中竞争优势的主要来源。近年来，随着我国在基础设施方面的投资规模不断加大，以高铁、航空航天、港口造船、大型计算机等为代表，具有研发投入大、技术含量高、生产周期长等典型复杂产品系统特征的现代工业体系建设已经逐步在当今社会中扮演着越来越重要的角色。系统集成商作为复杂产品系统项目的控制者，其创新能力的高低直接决定着整个复杂产品系统产业生产效率的提高，且可以带动整个产业的技术升级与产业发展。

　　高速发展的经济与中国制造业企业的创新实践密不可分，然而，作为后发国家，中国与发达国家存在技术差距，中国制造业的技术创新并非原始创新，而是引进、模仿、消化和吸收发达国家的存量技术与先进技术。尤其是技术密集性特点较为显著的复杂产品系统产业，其关键技术和专利绝大部分来自国外。这种创新模式能否追赶上发达国家的技术发展呢？已有研究对日本和韩国的技术发展历程进行研究，认为只要引进、模仿、消化和吸收技术的速度快于发达国家技术创新的速度，后发国家就能在一段时期的发展后赶上技术前沿，缩小与发达国家之间的差距。然而，随着中国企业在全球竞争中的迅速崛起，很多发达国家在技术转让过程中多采取技术授权的保守态度，使中国制造业的技术引进逐渐显现出"天花板"效应。尽管企业的竞争优势在一定程度上依赖于低成本、大市场容量和政府推动等中国特有的情境因素，但是不可否认的是，在全球经济一体化的市场环境中，中国制造业企业能够接触到的先进技术、新技术呈几何级数增长，企业不需要对这些技术从头开始研发，可以直接进行引进、模仿，进入产品加工体系，并在消化吸收的过程中进行工艺创新和产品创新。如果中国复杂产品系统制造企业能够在这个过程中不断创新，并逐步研发新技术，那么其与发达国家前沿技术的差距是可以逐渐缩小的。然而，京沪高铁故障频发、"7·23"动车追尾事故等使我们清醒地认识到中国复杂产品系统企业在核心技术、关键零部件制造等环节仍严重依赖国外,其创新能力仍有待提高。与日本、韩国等早期后发国家依赖发达国家前沿技术的创新策略相比,中国在进入全球化产业分工时,其创新策略应呈现怎样的特征?如何才能有效培育中国复杂产品系统制造企业的创新能力?这些问题也将在本书构建的创新控制力模型中得到解释。针对复杂产品系统产业的创新实践,深入系统地研究控制力与自主创新之间的关系,不仅能够有效补充复杂产品系统创新理论体系,更重要的是,能够揭示中国复杂产品系统产业自主创新的特性与规律性,为中国复杂产品系统制造企业的创新实践提供指导,并为实现中国制造业的产业转型升级贡献一份力量。

自 Hobday(1996)等首次提出复杂产品系统概念以来,对这一特殊产品范畴的研究至今仅有二十余年的历程。国内外学者对复杂产品系统的性质、研发过程、创新管理及组织结构等方面进行了大量研究,由于复杂产品系统创新系统性、复杂性,以及研究者的研究视角、研究方法等不同,已有研究所得出的结论仍不统一。本书企图在控制力视角下展开对复杂产品系统自主创新的系统考察,努力在一个明晰的框架下构建复杂产品系统创新控制力的模型。从这个思想出发,本书的逻辑思路如下:首先,在第 3 章用案例嵌入式调查统计法探讨复杂产品系统创新控制力的结构维度,从"控制"的角度对创新控制力的要素加以界定。其次,在第 4~6 章,分别从静态和动态的角度对创新控制力结构维度的关键要素与演化特点予以解剖。本书之所以选择静态和动态的视角对创新控制力的基本要素进行分析,是因为作者认为,对复杂产品系统企业而言,创新控制力的形成和培育是一个过程概念,因此对复杂产品系统创新控制力的分析加入了时间因素。

下面概要地介绍一下本书的结构和主要内容。

第 1 章简要介绍本书的研究背景及研究意义,控制力实际是国家产业竞争最重要的基础,也是复杂产品系统产业进行高效自主创新的前提。按照作者的理解,相对于其他产业而言,控制力在复杂产品系统产业的自主创新实践中意义更为重要,复杂产品系统创新控制力是影响复杂产品系统企业创新绩效的驱动力。本书的任务就是通过考察控制力与自主创新的关系,深入剖析与认识复杂产品系统创新控制力的内涵、结构维度及其演化规律。这个研究对象的规定性决定了创新控制力必然是一个受到内外部环境因素交织作用的结果,并拥有其独特的产业情境化特点。

第 2 章基于本书的研究主题,回顾国内外关于复杂产品系统、创新能力和控制力等相关理论研究的历史与现状,通过对各种理论观点的评介,为确立作者有关复杂产品系统创新控制力的研究对象、研究内容及研究方法的个人观点做了铺垫。当认识到复杂产品系统的产品性质等特点区别于普通大规模消费产品时,我们就会发现,由于不同国家复杂产品系统发展历史的差异,后发国家技术学习轨迹特殊性，以及复杂产品系统企业在产业链中处于不同的生产环节（复杂产品系统集成商多处于中心环节），我们可以断言，中国情境下复杂产品系统集成商的创新能力具有其特殊性。这种认识又帮助我们意识到，要想系统地认识中国情境下复杂产品系统集成商的创新能力，需要有一个全面而独特的视角。作者的观点是，中国复杂产品系统企业要想突破其在全球价值链中低端锁定的状态，需要全面培养具有"控制力"效能的创新能力，才能从根本上提升企业的创新能力。

第 3 章建立认识复杂产品系统集成商创新控制力的综合框架，同时对复杂产品系统创新控制力结构维度努力加以统一协调。作为本书的研究框架，复杂产品系统创新控制力包括哪些结构维度，后续研究从哪些方面展开，需要一个统一的范畴，这样才能保证复杂产品系统创新控制力是建立在一个相互协调统一的观点之上。这便是本章重点解决的问题。本章最突出的一个特点，应该是在科学性研究的基础上提出本书的分析框架，而非基于国内外研究理论的简单整合，这一点非常重要，甚至是本书立论的重要基点。作者所得出的本书的综合框架（复杂产品系统创新控制力结构维度）包括核心技术控制力、创新网络控制力和市场控制力，本章作者详细阐述了上述三个创新控制力的概念和内涵。应该说，研究复杂产品系统集成商的创新能力，尤其是选择控制力这一分析视角，这些问题在学术界探讨得还很不充分，因此本章的这部分内容带有探索的成分。

基于以上分析，作者在第 4~6 章分别从静态和动态的角度研究三个创新控制力的关键要素及其演化规律。虽然作者分为三个章节对创新控制力进行阐述，但这并不意味着它们在复杂产品系统集成商的创新管理中以决然分裂的形式表现出来。实际上，复杂产品系统创新控制力是通过这三个结构维度的相互结合或相互补充而实现的。

第 4 章以核心技术控制力为基础，讨论复杂产品系统集成商在进行产品创新过程中的核心技术控制力的关键要素，同时分析各关键要素的演化特点，总结核心技术控制力的演化规律。核心技术是一种具有竞争性、战略性和长远性的技术，具有自主知识产权的核心技术作为企业的核心资源，能够通过建立行业进入壁垒、降低生产成本等使企业处于价值链的有利地位而获取超额利润。正是核心技术的这种重要性，使复杂产品系统集成商通过技术体系平台、组合集成创新和自主产品价值三种方式获得核心技术控制力。同时，作者分析核心技术控制力的三个关键要素在企业发展历程中所表现出来的演化特点，提出了"技术体系平台→遗传演化、组合集成创新→变异演化，自主产品价值→选择演化"的演化规律。创新控制力是企业在发展过程中形成的能力，创新控制力的演化特点和规律是客观存在的东西，所以作者对此做了专门的研究。

第 5 章主要是从跨组织的角度研究复杂产品系统创新网络控制力，因此提出价值链分解权、跨组织协同控制及交互式组织学习的概念，我们通过对上述三个概念的理解，获得对复杂产品系统创新网络控制力的认识。复杂产品系统创新需要系统集成商持续地管理、控制、协调与整合项目合作组织者之间的关系，是确保项目主体之间相互合作、共同参与且有效完成的基础。由此提出对复杂产品系统创新网络进行管理的要求，是复杂产品系统创新管理中需要正视的极为重要的课题。同时，作者分析创新网络控制力的三个关键要素在企业发展历程中所表现出来的演化特点与规律，即创新网络控制力伴随着企业的发展与成长且呈递增状态；在企业发展的不同阶段，创新网络控制力的三个关键要素在创新网络控制力构成中的主导作用不同；在企业发展的不同阶段，三个关键要素的变化趋势和速度不同，在企业发展的第一阶段，企业的创新网络控制力主要表现为交互式组织学习，进入第二阶段，跨组织协同控制能力相对第一阶段有了很大提高，该阶段企业的交互式组织学习能力也有进一步的提高，在企业发展的第三阶段，企业的创新网络控制力主要表现为跨组织协同控制能力。

第6章以市场控制力的基本概念为基础，讨论复杂产品系统集成商对市场进行管理的命题。市场对复杂产品系统集成商的创新所带来的影响是巨大的，而这种影响可谓是多主体、多层面的。市场控制力这个概念教给我们一个理念：可持续的复杂产品系统创新依赖于对市场的深刻理解和相应的管理协调。由此而提出的政治策略能力、差异竞争能力和客户价值链管理能力是对复杂产品系统集成商创新的市场控制力的一个阐释。在我国，复杂产品系统企业所面临的市场环境经历了不同的发展阶段，这实际上构成了市场控制力演化研究的基础，作者也在本书对市场控制力的演化规律进行探讨，即政治策略能力在市场控制力中的权重表现为由强到弱的演化趋势，差异竞争能力和客户价值链管理能力在市场控制力中的权重均表现为由弱到强的演化特点。

从全书的结构来看，作者的思路是从整体到局部、从静态到动态，并主要围绕复杂产品系统集成商的创新实践活动而展开。这个结构也体现了作者对复杂产品系统集成商创新控制力的理解。本书对复杂产品系统创新相关理论问题的探索与解答，不仅包含理论的创新，还能够前瞻性地指导动态环境下复杂产品系统企业的创新实践。此外，本书基于控制力视角，在对复杂产品系统集成商创新控制力进行系统研究的过程中，主要采用具有理论提炼功能的案例研究法，尤其运用多案例和探索性案例研究方法，同时辅以文献研究和调查统计分析法。此外，作者还将案例研究法与调查统计分析法进行有机结合，运用案例嵌入式调查统计法和调查统计嵌入式案例研究法等复合式研究方法对不同的研究问题进行分析和探讨。复杂产品系统创新是一个新的研究领域，需要系统地把握问题的本质，以增强对复杂产品系统集成商创新控制力全面而深刻的理解。尤其是本书对创新控制力演化规律所进行的探讨和研究，更是定量研究方法所不能承担的。此外，传统的创新理论并不能有效地解释复杂产品系统的创新管理实践，复杂产品系统创新管理研究仍处于探索性研究阶段，尚不存在可供参考的成熟的理论基础，所以，本书作者大量采取的案例研究方法是较为合适的。这种研究方法的处理原则体现了作者的一种认识，即认识中国情境下复杂产品系统企业创新管理实践的本质和全貌是更为重要的事情。尽管目前案例研究的规范性和普适性等问题仍受到质疑，但在本书中已经形成了较为科学和规范的设计体系，能够保证研究结论的科学性。

　　本书是作者主持的国家自然科学基金项目"复杂产品系统集成商价值链分解权管理研究"（项目号：71502024）和国家自然科学基金项目"管理研究中的中国情境——架构、识别与 CCR 识别方法"（项目号：71372082）的阶段性成果。希望本书不仅对创新能力、复杂产品系统产业创新、企业管理等专业研究人员具有参考价值，而且对正在思考如何培育复杂产品系统企业创新能力的各级政府领导者、企业管理者也有重要的阅读价值。虽然本书的理论和实践意义均显著，但由于时间和能力有限，难免存在不足之处，如所选案例的代表性等。此外，复杂产品系统创新控制力三个结构维度之间的内在关联与相互作用机制，以及建立更加完整的复杂产品系统集成商创新控制力整合模型等问题仍值得进一步探讨。

目　录

第1章　复杂产品系统集成商如何实现自主创新的控制力？

1.1　技术创新在国家竞争优势与企业持续发展中的作用

1.1.1　技术创新对提升国家竞争优势的作用

1910 年，奥地利经济学家约瑟夫·熊彼特（J. A. Schumpeter）在《维也纳大学学刊》上发表了一篇题为《经济危机的实质》的文章，首次提出创新的含义及"经济变化源于创新"的观点。1911 年，熊彼特在其《经济发展理论》一书中系统地阐述并论证了创新在经济发展过程中的作用，即他的创新理论。此后，学者对创新领域产生了浓厚的兴趣，并逐渐发展成为较成熟的研究领域，使技术创新相关因素由经济发展的外生变量转变为内生变量。在创新研究领域中，技术创新作为国家获取竞争优势和企业持续发展的基础与关键因素受到众多学者的青睐（Yam et al.，2011；Betz，2011）。

在知识经济兴起并迅速发展的经济环境下，全球竞争越来越体现为经济和科技实力的竞争，因而，技术创新的重要性也逐渐引起世界各国的政治家、经济学家、科学家及企业家等的高度关注。第二次世界大战后日本经济经历了三个阶段：①20 世纪 70 年代以前的"技术模仿"阶段；②70～80 年代的"技术引进"阶段；③90 年代以后进入"自主创新"发展阶段。历史发展也证明，技术创新是第二次世界大战后日本经济恢复和高速发展的重要基础与决定性因素。据统计，2002~2005 年美国 GDP 实际年增长率平均为 3.0%，高于发达国家 2.3%的平均增长率，支撑美国经济增长的原因有很多，而持续的技术创新则是有力提升美国经济贸易竞争力的重要原因（陈继勇和胡艺，2007）。2011 年 2 月，奥巴马政府发布了《美国创新战略：确保经济增长与繁荣》，对 2009 年发布的《美国创新战略：推动可持续发展，创造高水平就业》进行了深化与升级，提出了未来一段时期推动美国创新的战略规划和措施。2010 年 11 月，英国政府发布《技术蓝图》报告，明确提出应该努力成为世界上最具吸引力的创新科技投资之地，2010 年 12 月，英国出台了《技术创新中心报告》，提出要建立技术与创新中心的建议，以构建国家层面上的技术转移战略。2011 年 1 月，韩国知识经济部公布了 2020 年产业技术创新战略思路，提出要实现从"快速跟踪"战略到"领跑者"战略的转变，并实施"独一"的未来成长战略。面对转型的巨大压力，韩国将科技发展置于国家发展的优先位置，通过持续增加研发投入，大力发展高新技术和应用先进适用技术，以增强经济发展的内生动力（曹玲，2012）。

以技术创新为主导的国家创新体系成为知识经济时代最为重要的制度性要素之一（傅家骥等，2003），在发达资本主义国家，技术创新在经济增长中所占的比重越来越大，其作为创新型国家基石的作用和地位日益突出。发达国家依靠技术领先的优势在全球范围内形成科学技术的垄断格局，控制国际市场的规则制定并形成产业链的高端锁定（王华等，2010），而我国技术创新对经济增长的贡献仍处于较低水平，与发达国家相比有相当大的差距。党的十六届五中全会提出"要把增强自主创新能力作为调整产业结构、转变经济增长方式的中心环节"，十八大把创新驱动发展战略摆在了国家发展全局的中心位置，进一步明确了技术创新作为应对新时期新挑战的战略选择。

正是由于技术创新在获取国家竞争优势方面的关键作用，技术创新相关研究也受到了国内外学术界的关注（图 1.1）。从图 1.1 中可以看出，自 2006 年之后，我国学术界对技术创新领域的相关研究呈迅猛发展的态势。

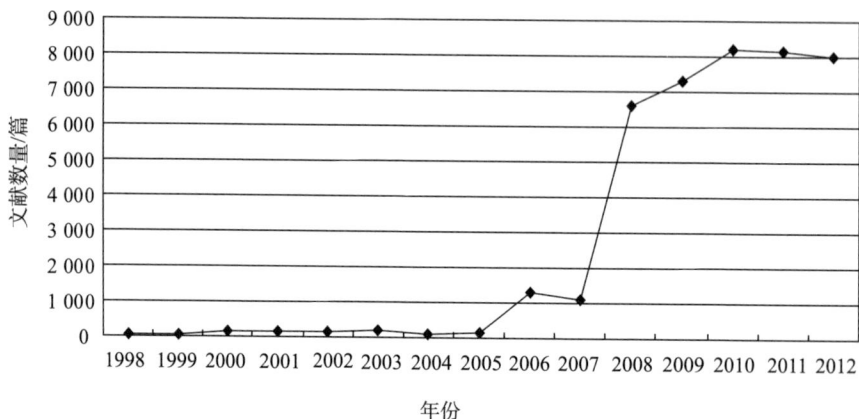

图 1.1　国内技术创新相关研究趋势

资料来源：中国知网（CNKI）数据库，搜索主题"技术创新"

1.1.2 技术创新对企业持续发展的作用

技术创新是企业形成和增强核心竞争力的关键要素。企业通过技术创新创造出具有差异化优势的产品和服务，同时还可以在技术创新的过程中提高研发人员、生产人员及营销人员等的学习能力和创新能力，这些无形资产也成为企业核心竞争力的重要组成部分。例如，中国北车集团大连机车车辆有限公司（以下简称大连机车）坚持技术立企，不断开发新产品，成为机车市场的领跑者。1996 年，大连机车东风 4D 型内燃机车研制成功并大批投放铁路市场，成为我国铁路前五次客运大提速的主力机型，2008 年 7 月 2 日，我国首台大功率交流传动内燃机车实现下线，至 2012 年年底，公司设计制造了 50 多种不同类型的内燃机车，共计 7 000 余台，占全路保有总量的 50%以上。至 2012 年年底，公司还研制生产大功率交流电力机车 2 000 余台，成为我国铁路客货运输的主型机车。可见，技术创新能够使企业保持持续的竞争力，在产业链中处于有利地位。此外，当今市场环境变化非常快，企业只有不断积累技术资源，进行技术创新，不断根据市场与客户需求设计和制造新型产品，才能应对不断变化的市场，走在行业的前列。例如，陕西鼓风机集团长期坚持技术创新，在与日本三井、川崎，以及德国 Z&J 公司的竞争中脱颖而出，赢得国际市场上最大高炉配套能量回收装置项目。可见，企业坚持技术创新是应对市场变化的基石。

1.2 复杂产品系统创新对提升国家竞争力的作用

1.2.1 复杂产品系统创新成为推动经济发展的核心力量

复杂产品系统创新对提升国家竞争力至关重要，且复杂产品系统制造企业创新能力的高低直接决定着整个制造业生产效率的提高和产业结构的升级换代（刘延松，2008）。复杂产品系统创新是继美国提出大规模定制概念之后的又一重大竞争力认识的突破（Davies，1997a），英国苏赛克斯（Sussex）大学科技与政策研究所（Science and Policy Research Unit，SPRU）中心的研究人员 Miller 等对英国各种产品数据资料进行了大量的调查，在调查数据的基础上提出复杂产品系统的 GDP 至少占英国 GDP 的 11%，同时这些复杂产品系统产品的生产也为英国提供了 140 万~430 万个工作岗位（Miller et al.，1995）。此外，Hobday 和 Rush（1999）等也对英国的复杂产品系统进行了深入的研究，且得出复杂产品系统创新是维持英国在世界经济中地位的重要因素和基础。欧盟发达工业国家通过复杂产品系统创新逐步实现了产业结构的合理化调整，并在某些重要的复杂产品系统领域积累了优势核心竞争力。近十年来日本和韩国复杂产品系统产业的总产值占整个国家GDP份额平均值的12%~14%。从20世纪80年代初期的时分交换机（time division exchange，TDX）技术发展至80年代后期的码分多址（code division multiple access，CDMA）技术，韩国一直致力于高度精密复杂产品系统产品与技术的开发，2007年10月，韩国研制的无线宽带（wireless broadbandaccess service，WiBRO）系统技术成为第三代（3rd generation）移动通信系统的国际标准之一（Park，2012）。复杂产品系统的研发投入大、技术含量高，且技术种类多，内嵌在复杂产品系统中的各种模块技术能够应用到其他领域，技术扩散及创新能够引起相关产业链的技术升级，从而提高国家竞争力（Heghes，1997）。

随着经济全球化趋势的加强，原材料价格上涨、人民币升值、劳动力成本上升等使中国制造业面临严峻的挑战。国内光伏产业、发光二极管（light emitting diode，LED）产业面临的困境，以及温州式"金融危机"等一系列事件预示着中国制造业面临的种种考验。然而，在大量传统产业遭受各种困境，停滞不前时，中国的电子机械、运输业、通信设备及航天业等大型制造业却呈现快速发展的势头。根据国家统计局2013年的统计数据，大型制造企业的采购经理指数（purchase management index，PMI）连续14个月位于临界点以上，对制造业经济回升的作用更为明显。可见，复杂产品系统创新成为推动经济发展的核心力量。

1.2.2 中国复杂产品系统企业自主创新能力有待提高

改革开放以来，中国复杂产品系统制造企业在产品创新方面积累了许多经验，其中不少企业研制了世界范围内技术领先的创新型产品。例如，2008年大连机车研制成功的9 600千瓦大功率交流传动电力机车，是具有完全自主知识产权与世界先进水平的最新产品；自2007年以来三一重工自主研制的66米泵车、72米泵车、86米泵车三次刷新长臂泵车世界纪录，标志着中国由混凝土泵送技术的跟随者成为领导者；自1994年动工兴建并于2009年完工的三峡工程，是世界上规模最大的水电站，也是中国有史以来建设的最大型的工程项目。这些产品创新的成果不仅推动了中国复杂产品系统制造业的发展，而且也为其他复杂产品系统制造企业的发展提供了可借鉴的经验和模式。然而，与发达国家相比，中国在复杂产品系统创新方面的重视程度仍然不够，复杂产品系统开发的新增加值占该产业总产值的比重与国际发达国家相比有较大差距，长期处于全球价值链的低端。此外，不容忽视的是，虽然中国的复杂产品系统制造业的创新实践取得了显著成果，然而，复杂产品系统创新与研发投入严重失衡，仍有一些大型项目投入巨额资金却无法取得预期的效果，不仅浪费了大量的资金与人力、物力，而且严重影响中国经济的发展。对于作者而言，关注中国情境下复杂产品系统的创新能力问题也成为很有意义的话题。虽然中国复杂产品系统制造产业经过近30年的发展已经取得了巨大的进步，部分企业已经能够制造出具有世界范围内领先技术和技术标准的一些产品。但从技术进步和产品升级角度来看仍没有取得质的飞跃，在成功制造出这些产品的背后，仍然存在"价值链低端锁定"和"创新能力缺乏"等现状。究其原因，主要是因为中国绝大多数复杂产品系统产业在技术上仍依赖发达国家，处于全球价值链的低端，只从事经济附加值较低的终端产品加工活动，产业国际竞争力偏低（洪勇和苏敬勤，2007）。

1.3 "控制力"是复杂产品系统集成商进行自主创新的前提

复杂产品系统制造业对国民经济的发展，以及国家竞争力的提升具有至关重要的作用，因此如何提升复杂产品系统集成商的创新能力及创新绩效成为企业实践与理论研究领域需要关注的焦点。

1.3.1 "控制力"是复杂产品系统集成商进行自主创新的关键

作者的理解是，"控制力"是复杂产品系统企业进行自主创新的前提，"控制力"对复杂产品系统企业掌握核心技术、管理项目创新网络及获取市场订单等都具有重要的现实意义。复杂产品系统是由很多模块和子系统组成的，并且这些模块和子系统具有很高的定制性与集成性，同时存在产品结构复杂、管理流程复杂等特征，其生产过程主要是通过以系统集成商为主体的多企业联盟协同生产。系统集成商扮演生产组织者和系统集成者的角色，主要负责高效的供应链管理、产品概念设计和为供应商制定模块及子系统的质量标准与要求。本书以系统集成商为研究主体，从系统集成商在复杂产品系统生产过程中所扮演的角色可以看出，"控制力"是其实现创新的关键，这在根本上有别于其他产业的创新模式和特点。

其一，"控制力"可以使系统集成商拥有复杂产品研发价值链条的控制权。复杂产品系统集成商一方面要控制能够创造出高附加值的特定价值环节，另一方面也会尽可能多地按照能力特征将链条中分解出去的次要环节在不同的模块供应商之间进行配置（Gereffi et al.，2005）。系统集成商因为抓住价值链的战略环节而成为整个价值链条的控制者和资源匹配的治理者，同时拥有对价值链条中的企业进行协调或控制的权利和职责，从而有效激励约束价值链中的合作企业，使整个价值链的各生产环节能够恰当地适应、整合和重新配置内外部的各种资源以适应不断变化的外部环境。其二，"控制力"可以使系统集成商整合全球范围内的资源进行产品创新。由于复杂产品的产品特性，系统集成开发商不一定非要通过自身的开发活动掌握复杂产品系统的所有技术，可以通过外购获得，在全球范围内整合资源获取所需技术也是全球网络化制造和开放式创新条件下的现实策略。系统集成商不一定要对构成系统的每个模块详细的技术都进行掌握，但必须了解和逐步掌握模块中的关键技术，实现对关键技术的"控制力"，以体现对整个复杂产品系统集成商的控制主导作用。

我国台湾学者施振荣提出产业价值链一般是一条微笑的"翘嘴线"，制造链所对应的价值线是一个由高到低的价值"收敛线"（施振荣和萧富元，2005），因此，我国复杂产品系统产业要想逐渐攀升至微笑曲线的"嘴角端"，就必须以先进技术的掌握和产业链的升级为基础，通过自主创新以实现技术能力的提升和产业链升级。因此，作者引入更为具有实践价值的概念——"控制力"作为本书的研究主题，探讨使我国复杂产品系统企业提升创新能力的可以采取的途径。

1.3.2　"创新控制力"是适合复杂产品系统创新的理论研究

复杂产品系统属于大型生产资料，是现代经济的技术骨干，在国民经济发展中的作用越来越重要，同时也是提高国家竞争力的重要发展方向。尽管复杂产品系统创新研究领域经过近20年的发展已取得初步成效，但其研究对象多以西方国家复杂产品系统创新实践为研究背景，全球化商业活动蓬勃发展使得在国际市场上扮演越来越重要角色的中国企业，尤其是复杂产品系统企业非常渴望得到指导管理实践所需的知识。因此，在中国情境下的复杂产品系统创新理论或实践中仍存在大量问题需要进一步解决，主要包括以下几点：复杂产品系统集成商如何有效管理创新过程？如何改变实践运行中创新效力低下的问题，即如何提升复杂产品系统创新绩效？有哪些关键的创新控制力能够影响复杂产品系统创新绩效？因此，本书从以下几个方面进一步深化和拓展。

第一，基于系统集成商视角探讨复杂产品的创新管理。复杂产品系统创新项目涉及众多利益相关者，系统集成商处于中心地位，对整个创新过程的协调与组织具有重要作用，Miller等（1995）也强调了系统集成商在复杂产品系统创新活动中的关键作用。因此，系统集成商应具备哪些关键的能力更能促进复杂产品系统创新项目的绩效，以及如何培育和管理这些能力是值得探讨的重要问题。但由于复杂产品系统项目的利益相关者在创新过程中的天生合作性和项目的系统集成性，系统集成商视角的创新管理研究并未形成系统性的深入认知和理解。

第二，基于控制力视角揭示复杂产品系统集成商创新能力的内涵与构成。创新能力无疑是促进复杂产品系统创新的重要影响因素，是复杂产品系统企业在长期的实践过程中逐渐积累和培育的关键能力。创新力与控制力的均衡统一是实现企业持续成长的关键（Marceau and Martinez，2002），因此，为提高复杂产品系统创新项目绩效，本书从控制力视角解析复杂产品系统集成商的创新能力，也就是将复杂产品系统创新控制力作为本书的研究主题。在众多影响复杂产品系统创新的动力因素中，哪些因素对复杂产品系统创新绩效的影响效果更为明显，也即能够形成企业的控制力，这些创新控制力的内涵与构成在复杂产品系统创新领域具有怎样的解释意义。

第三，基于静态视角深入分析复杂产品系统集成商创新控制力的结构维度。为深入理解并分析创新控制力如何提高复杂产品系统项目创新绩效，对创新控制力的研究不能仅限于内涵和结构的讨论阶段，而需结合实践深化其结构维度的相关研究，如已确定的不同的创新控制力包含哪些结构维度，这些细分维度之间存在怎样的关联，且如何对复杂产品系统项目创新绩效产生怎样不同的影响效果等。

第四，基于动态视角拓展复杂产品系统集成商创新控制力在企业不同发展阶段的演化特点。复杂产品系统集成商创新控制力的形成过程是一个动态的系统演化过程，因此，对复杂产品系统集成商创新控制力的研究不能只停留在能力的结构维度阶段，需要在对复杂产品系统企业发展阶段进行划分的基础上，分析不同阶段各创新控制力结构维度的演化特点，以深化得出的复杂产品系统集成商创新控制力模型，这不仅有利于将静态的能力结构维度动态化，为管理者的实践过程提供参考，还能够进一步完善复杂产品系统集成商的创新理论。

本书认为探讨中国情境下具有"控制力"特点的复杂产品系统创新的影响因素具有重要意义，可以通过理论研究对创新控制力的结构维度与演化特点进行探索与分析，通过提炼与归纳其一般性规律和经验，为复杂产品系统制造企业在项目管理与创新实践中遇到的各种问题，提供可借鉴与参考的解决方案和对策建议。因此，聚焦复杂产品系统集成商创新控制力的研究具有十分重要的理论创新意义。

1. 问题提出

基于上述实践和理论两个层面的阐述，本书围绕"复杂产品系统集成商创新控制力"这个基础性问题进行深入系统的研究。为解答此问题，本书主要探讨以下五个问题。

（1）复杂产品系统集成商创新控制力的概念如何界定？

（2）如何构建复杂产品系统集成商创新控制力的研究框架？

（3）复杂产品系统集成商各创新控制力包含哪些结构维度？

（4）静态视角下复杂产品系统集成商各创新控制力结构维度的关键要素？

（5)动态视角下复杂产品系统集成商各创新控制力结构维度在企业发展不同阶段的演化特点有哪些？

2. 研究意义

从理论研究意义和实践指导意义两个方面阐述复杂产品系统集成商创新控制力研究的意义。

（1）理论研究意义。传统的技术创新领域的相关理论多以大规模消费品为对象进行研究，而复杂产品系统的产品特性、生产流程、创新过程及组织形式等与大规模消费品的创新存在本质差异。该问题已在 1.2.1 小节做了详细的阐述。因此，传统的技术创新理论已不能很好地解释和指导复杂产品系统创新，亟须新的理论予以指导（Hobday and Rush，1999）。在此理论研究背景下，本书针对影响复杂产品系统创新的关键因素问题进行较为系统的研究，为复杂产品系统集成商创新能力领域提供新的研究思路，能够从静态视角深入细致地分析复杂产品系统集成商创新控制力结构维度和各结构维度的关键要素，并从动态视角分析复杂产品系统集成商创新控制力在企业发展不同阶段的演化特点，并构建可供参考的理论框架，研究结论在一定程度上深入并拓展了Brady（1995）、Davies（1997b）和 Prencipe（2000）三位学者关于复杂产品系统集成商创新的相关理论。因此，本书研究复杂产品系统集成商创新控制力的结构维度与演化特点，从系统性和深入性角度完善与补充该领域已有研究所存在的不足。

（2）实践指导意义。复杂产品系统作为支撑生产、运输、交换和消费的主要生产资料，成为现代经济的基础部分，复杂产品系统创新也成为拉动国民经济增长及提升综合国力的关键。然而，与发达国家相比，中国的复杂产品系统制造业在创新方面仍存在较大差距，且处于产业链的低端。提升具有"控制力"特征的创新能力是快速提升全球一体化背景下中国复杂产品系统制造产业发展的现实选择。因此，进行复杂产品系统集成商创新控制力问题的研究，不但有利于提高复杂产品系统制造企业的绩效，并为企业的流程设计、创新项目的实施和管理等提供指导，而且能够为政府如何通过相关政策介入复杂产品系统创新，提高国家创新能力提供参考。

1.4　复杂产品系统集成商创新控制力的研究内容

1.4.1　复杂产品系统集成商创新控制力内涵界定

本书以复杂产品系统制造业为对象，从控制力视角对系统集成商的创新能力提升展开研究。为便于后面章节的理论探讨与分析，首先对本书的研究主题"复杂产品系统集成商创新控制力"这一概念进行界定，此研究概念涉及"控制力"、"复杂产品系统"和"创新"这几个概念。

其一，从管理学的视角来讲，"控制力"是指影响被控制对象的管理活动，以便更好地完成预期目标和任务的能力（Geringer and Hebert，1989）。李颖灏和彭星闾（2007）也对"控制力"概念进行了界定，指出所谓"控制力"是企业在生产经营中，根据市场经济运行规律对企业的战略规划和运营进行调整、约束以降低经营风险，获得相对于竞争对手更多成本优势的能力。熊彼特提出创新是企业获得与其他竞争对手的差异性的有效手段，本书探讨创新控制力，旨在强调企业创新能力与控制能力的统一，也就是探讨能够使复杂产品系统集成商在产业链中具有核心优势、获得很好的成长性，最终成为具有很强创新控制力的行业佼佼者。

其二，复杂产品系统的产品属性与类别。复杂产品系统是指规模大、单价高，高附加值、工程及信息密集的产品、系统、资本品，这类产品具有大量的专用子系统和元器件，一次性或小批量为客户定制生产的综合大技术系统（large technical systems）（Hobday，1996），包括大技术系统、高价值资本产品（high value capital goods）和军事系统产品等类别的产品。本书2.1节将对复杂产品系统的概念、范畴和特性，以及复杂产品系统的创新管理内容进行详细的介绍和阐述。

其三，复杂产品系统创新是指哪一层面的创新？本书提出的创新是指技术创新，不同学者从不同角度对技术创新进行了类别划分，主要表现为两个层面：一是产业层面的划分视角。Perrow（1967）将技术创新分为渐进式技术创新和突破式技术创新，渐进式技术创新是指具有知识积累效应，且以长期研发生产实践为基础的低可变度技术创新；突破式技术创新是指具有知识累积效应小，其主要特征表现为突变型和探索型的高可变度式技术创新（Jafari et al.，2008）。二是企业层面的划分视角。从企业或组织层面可将技术创新划分为探索式技术创新和利用式技术创新，探索式技术创新是指企业不断探索新知识以适应新的环境而进行的创新；利用式技术创新是指企业为确保盈利而充分利用已有的知识进行的创新（Tushman and O'Reilly，1996；Raisch and Birkinshaw，2008；Cao et al.，2009）。需要强调的是，一个企业或组织的探索式技术创新，对其他组织来说可能是利用式技术创新，或者对某个企业或组织而言的创新，在产业范畴和视角下则不一定是创新（Tushman and O'Reilly，1996）。本书以案例研究方法为主，在进行案例分析的过程中主要考虑企业层面的技术创新，而在理论探讨层面则会综合考虑这两个层面的技术创新。

其四，创新控制力的范畴。本书主要是在控制力视角下探讨复杂产品系统集成商的创新能力，因此对创新控制力范畴与内涵的阐释主要基于对创新能力的理解。Sundbo 和 Gallouj（2004）将单个企业作为识别能力的界面，把能力划分为内部能力和外部能力，其中内外部能力分别包含不同的要素并对创新活动产生不同的影响。Archibugi 和 Michie（1995）指出产业层面与企业层面的技术创新均可成为企业的创新控制力。Rademakers（2005）则认为知识创新是企业的创新控制力。Wucherer（2006）认为商业模式是企业的创新能力。Asheim（1996）把创新能力界定为企业通过实施激进式或渐进式创新和改变技术路径以突破路径依赖的能力。Howard 和 Westph（1986）等将企业的创新能力解析为研发能力、组织能力、适应能力和技术与信息的获取能力。Burgelman（1996）认为创新能力是产品开发能力、改进生产技术能力、储备能力和组织能力的综合能力。通过对创新能力的内涵解析，本书对复杂产品系统集成商创新控制力的探析与理解包含能够影响企业创新绩效的关键影响因素，既可以包括企业内部的影响因素，也可以包括企业外部的影响因素。

1.4.2　复杂产品系统集成商创新控制力研究内容

在归纳与总结技术创新和复杂产品系统相关研究内容及方法的基础上，本书构建复杂产品系统集成商创新控制力研究框架，并分别从静态视角和动态视角探析创新控制力的结构维度和演化特点。基于案例与实证相结合的方法探索出复杂产品系统集成商创新控制力的三个结构维度，即核心技术控制力、创新网络控制力和市场控制力，结合探索性单案例研究方法、探索性多案例研究方法、验证性多案例研究方法、案例与调查统计相结合的方法及函数模型等多种研究方法，分别得出静态视角下的三个创新控制力的关键要素和动态视角下三个创新控制力的演化特点，以期在充实复杂产品系统理论研究体系的同时，为提升我国复杂产品系统制造企业的创新控制力提供借鉴和参考。具体内容安排如下。

第 1 章复杂产品系统集成商如何实现自主创新的控制力。本章主要阐述本书的研究背景和意义，并引出研究主题，界定复杂产品系统集成商创新控制力，总括研究内容和技术路线，并归纳研究可能的创新点。

第 2 章复杂产品系统企业创新控制力研究的理论背景。本章从复杂产品系统及创新控制力两个角度对相关文献进行综述和分析，首先从概念、范畴及特性三个方面对复杂产品系统进行概述；其次从技术创新特点、创新过程及创新组织三个方面对复杂产品系统的创新管理相关研究进行归纳总结；最后对与本书关系密切的控制力和创新能力等相关文献进行梳理与总结。在对已有研究进行总结的基础上，进一步得出复杂产品系统创新的四个主要研究方向。

第 3 章复杂产品系统集成商创新控制力的结构维度。本章首先构建复杂产品系统集成商创新控制力模型，结合单案例研究方法与调查统计法提炼出复杂产品系统集成商创新控制力的三个结构维度，即核心技术控制力、创新网络控制力和市场控制力。考虑到三个结构维度的丰富内涵及复杂产品系统集成商创新控制力在企业发展不同阶段的特点，本书重点分析三个创新控制力的关键要素及其在企业不同发展阶段的演化特点。在此基础上，构建复杂产品系统集成商创新控制力的研究框架，从研究视角上来看，此框架包括三部分，其中，第一部分研究核心技术控制力的关键要素及其演化特点，第二部分研究创新网络控制力的关键要素及其演化特点，第三部分研究市场控制力的关键要素及其演化特点；从研究内容上来看，此框架包括两个层次，第一个层次是静态视角下三个创新控制力的关键要素，第二个层次是动态视角下三个创新控制力的演化特点。

第 4 章复杂产品系统创新核心技术控制力。首先，本章运用探索性多案例研究法，通过开放式编码、主轴编码和轴心编码的三层编码方式得出复杂产品系统创新核心技术控制力的关键要素，即产品价值主张、技术体系平台和组合集成能力。三个要素的内涵分别包含不同的子维度，其中产品价值主张的内涵包括两个子维度，以我为主的产品概念开发和以我为主的生产组织管理；技术体系平台的内涵包括三个子维度，即前瞻性技术研发、模块化平台搭建和移植式平台界面；组合集成能力内涵包括两个子维度，即基于先进技术的学习和基于国内外资源的整合。

其次，本章运用验证性多案例研究法分析复杂产品系统创新核心技术控制力的三个关键要素在企业发展不同阶段过程中的动态演化规律。基于企业进化理论和对复杂产品系统创新核心技术控制力内涵的理解，以演化分析方法中的遗传、变异和选择三种机制为理论基础，以自主价值主张、技术体系平台和组合集成能力为分析单位，构建复杂产品系统创新核心技术控制力的动态演化模型，并通过一主多辅的多案例研究方法验证模型，得出技术体系平台的遗传演化特点、自主产品价值的选择演化特点和组合集成能力的变异演化特点。

第 5 章复杂产品系统创新网络控制力。本章首先运用探索性单案例研究方法得出复杂产品系统创新网络控制力的三个关键要素，包括由模块外包和资源匹配构成的价值链分解能力，由协调与控制、自组织网络构成的多组织协同控制能力，以及由技术获取和知识吸收组成的交互式组织学习能力。在此基础上，通过探索性纵向单案例研究方法测度动态视角下三个要素的演化特点，在企业发展的不同阶段，创新网络控制力的三个关键要素在其构成中的主导作用不同。在企业发展的第一阶段，企业的创新网络控制力主要表现为交互式组织学习；在企业发展的第二阶段，多组织协同控制能力相对第一阶段有了很大提高，该阶段企业的交互式组织学习能力也有进一步的提高；在企业发展的第三阶段，企业的创新网络控制力主要表现为多组织协同控制能力。

第 6 章复杂产品系统创新市场控制力。本章首先运用多案例法和调查统计法相结合的方式得出复杂产品系统企业市场控制力的三个关键要素，包括政治策略能力、差异竞争能力和客户价值链管理能力。在此基础上利用柯布-道格拉斯函数设置复杂产品系统企业市场控制力构成函数 $C = C_1^{\alpha} C_2^{\beta} C_3^{\gamma}$，通过对函数的分析及各参数影响因素的分析阐释复杂产品系统制造企业获取市场控制力的途径，以及市场控制力三个关键要素在企业生命周期过程中的演化特点。

第 7 章结论与展望。本章对整个研究的结论进行总结归纳，并指出本书的局限性，以及今后需要进一步深入研究的问题。

1.4.3   复杂产品系统集成商创新控制力的研究价值

本书从控制力视角研究复杂产品系统集成商的创新能力，在对复杂产品系统创新理论进行拓展的基础上，明确提出中国情境下提升复杂产品系统制造企业创新效率应具备的创新控制力，并分别从静态视角和动态视角研究复杂产品系统集成商创新控制力的关键要素及其演化规律。具体所做的创新性工作如下。

（1）从控制力视角分析复杂产品系统集成商的创新能力，构建并阐释复杂产品系统集成商创新控制力三维度模型。

具体研究内容如下：①运用探索性单案例研究，提炼出控制力视角下复杂产品系统集成商创新能力的核心构念；②基于探索性单案例研究成果，结合文献分析法设计复杂产品系统创新控制力测度量表；③运用单案例嵌入式调查统计法，识别出复杂产品系统集成商创新控制力三个结构维度，包括核心技术控制力、创新网络控制力和市场控制力。

（2）基于复杂产品系统集成商创新控制力三维度模型，搭建复杂产品系统集成商创新控制力三维度的关键要素结构关系框架。

具体研究内容如下：①运用探索性多案例研究法识别出复杂产品系统创新核心技术控制力的三个关键要素，即自主产品价值、技术体系平台和组合集成创新；②运用探索性单案例研究方法识别出复杂产品系统创新网络控制力的三个关键要素，即价值链分解权、多组织协同控制和交互式组织学习；③运用多案例嵌入式调查统计法识别出复杂产品系统创新市场控制力的三个关键要素，即政治策略能力、差异竞争能力和客户价值链管理能力。

（3）揭示复杂产品系统集成商创新控制力三个结构维度在企业发展过程中的演化特点。

具体研究内容如下：①运用验证性多案例研究法对核心技术控制力演化模型进行检验，得出自主产品价值、技术体系平台和组合集成创新在企业发展过程中呈现选择机制、遗传机制和变异机制的演化规律。②运用调查统计嵌入式纵向单案例研究方法，得出创新网络控制力演化过程伴随企业的发展与成长呈递增状态；

在企业发展的不同阶段，创新网络控制力三个关键要素在创新网络控制力构成中的主导作用不同，且三个关键要素的变化趋势和速度不同。③运用数学模型法得出市场控制力三个结构维度在企业生命周期过程中的演化规律，即市场控制力总体呈增长趋势，其中政治策略能力表现为由强到弱的演化趋势，差异竞争能力和客户价值链管理能力均表现为由弱到强的演变趋势。

1.4.4　复杂产品系统集成商创新控制力研究的一般策略

本书利用案例研究法以期最大限度地挖掘基于产品类别具有特殊性的复杂产品系统的创新控制力，同时又结合调查统计法以获得高信度的研究结论。本书使用的研究方法包括文献分析法、案例研究法、混合研究法及数学模型法多种方法。

（1）文献分析法。本书对国内外已有的关于复杂产品系统、创新能力和控制力相关研究成果进行系统的梳理和分析。首先，基于复杂产品系统相关研究总结已有研究的进展和结论，并在已有研究的启示下提出进一步需要研究的问题，以明确本书的研究方向和理论层面的研究价值。其次，在每一章研究主题的指导下，均对已有相关研究进行系统的总结和分析，根据不同的研究方法和研究主题，文献分析法的作用主要表现为以下几点：第一，深入理解扎根研究中所涌现的现象，指导并定义编码所得出的范畴；第二，构建验证性案例研究中的理论框架，以展开案例研究；第三，辅助案例研究中提取出的高频关联词，完成调查统计中的量表开发工作。

（2）案例研究法。案例研究法是社会科学研究中一种重要的研究方法，该方法能够减少现有文献和已有经验对研究者思想的束缚，更适合在全新的社会研究领域构建新的理论框架（Eisenhardt，1989）。Yin（2004）认为案例研究适合回答"怎么样"和"为什么"的问题，能够基于现有成熟的理论，并使用多种资料调查和探索现实世界中复杂现象的本质与规律。案例研究作为一种重要的实证研究方法，其作用主要表现为两个方面：其一，可以对构建的理论进行验证，以增强对已有理论的理解；其二，可以通过案例分析产生新的理论，这也是案例研究最为重要的作用（Yin，2008）。根据研究目的不同，案例研究可以分为探索性案例研究、描述性案例研究和验证性案例研究三种类别。

复杂产品系统与普通大规模制造产品相比，在产品特性、创新过程、组织管理和市场营销等方面均具有其特殊性，该领域的相关研究发展至今仅有十多年的时间，为了避免将以普通大规模制造产品为研究对象的相关创新理论套搬到复杂产品系统创新研究中，本书使用较多的案例研究法，以期通过案例分析发现适用于复杂产品系统创新的相关理论。

第一，探索性案例研究。探索性案例研究被认为是在一种新理论构建的关键和早期阶段最为合适的工具（Eisenhardt，1989；Yin，2008），能够帮助研究者在特定情境因素下探索和测试关键变量与它们之间的关系。选择案例的类型及数目与要开发的理论紧密相关，案例企业是否适合发现和扩展构念之间的关系与逻辑决定了案例的选择。单案例适合对有代表性的典型案例进行深入研究，捕捉和追踪管理实践中涌现出的新现象与新问题，有利于更为清晰地观察事物发展的过程及其背后的规律（冯雪飞和董大海，2011）。基于本书第2章的文献梳理，目前学术界尚未对复杂产品系统创新的创新网络控制力进行研究，因此作者以典型企业——大连机车作为案例研究对象，以一种扎根式和归纳性的方式来探索复杂产品系统创新的创新网络控制力的关键要素及其在创新国际化过程中的演化规律。此外，探索性多案例研究能够通过案例企业的多样性提高其研究结论的概推性，作者选择七家复杂产品系统制造企业作为案例企业，同样运用扎根式与归纳式的编码研究复杂产品系统创新核心技术控制力所包含的关键要素。

第二，验证性案例研究。验证性案例研究是以已有理论研究成果为出发点，通过进一步解释或描述剖析变量之间的因果关系。研究者可以通过整合不同的研究结论为提出的竞争性研究假设或框架服务，将对竞争性研究假设的验证作为后续案例研究的基础，贯穿于案例研究设计、数据收集和分析过程中（苏敬勤和崔淼，2011）。在对复杂产品系统创新核心技术控制演化规律的研究中，在案例研究开始之前，作者首先系统回顾企业进化理论和技术创新理论的相关研究成果，通过理论回顾发现核心技术控制力三个关键要素的演化特点与企业进化理论中的遗传、变异和选择机制之间存在的耦合性关系。据此，作者基于理论回顾提出复杂产品系统创新核心技术控制演化模型，并以核心技术控制力三个关键要素作为测度变量，通过验证性案例研究解释其在企业不同发展阶段的演化特点。

（3）混合研究法（mixed methods）。混合研究法是指在一项研究中混合或综合运用质性研究和量化研究的研究技巧、方法、方式、概念或语言的研究类型（Johnson and Onwuegbuzie，2004）。这种研究方法要求用不同的研究方法共同处理相同的研究问题，收集相互补充的资料，并生成与之相应的分析结果，这种研究方法使研究者能够处理更加复杂的研究问题，收集更丰富、更有说服力的证据（苏敬勤和崔淼，2011；苏敬勤和刘静，2013a）。本书主要是将案例研究法与调查统计法相结合，根据案例研究法与调查统计法在混合研究法中的不同作用，归结为两类混合研究法。

第一，案例嵌入式调查统计法。这种研究方法中主要的研究工作依赖于调查统计法，而案例研究作为资料收集工作的辅助部分嵌入调查统计中，其中嵌入调查统计中的案例数量根据研究需要可以是多案例也可以是单案例。本书在构建复杂产品系统集成商创新控制力框架的研究中采用调查统计中的单案例嵌入法，以大连机车作为案例研究对象，将编码得出的高频关联词作为依据和参考，结合相关文献形成调查问卷的测度量表，并通过探索性因子分析法得出复杂产品系统创新控制力的三个结构维度。此外，本书在复杂产品系统创新市场控制力的研究中采用调查统计中的多案例嵌入法，以大连机车、徐工集团（以下简称徐工）和大连船舶作为案例研究对象，将编码得出的高频语义关系词作为参考，并结合相关文献形成调查问卷的测度量表，通过探索性因子分析法得出复杂产品系统创新市场控制力的三个关键要素。

　　第二，调查统计嵌入式案例法。这种研究方法依赖于更加整体化的资料收集策略来研究主要案例，但也需要通过调查统计法来收集嵌入性分析单位的资料。本书在复杂产品系统创新的创新网络控制力演化特点的研究中采用探索性单案例研究中的调查统计嵌入式案例法，以大连机车产品创新组织网络化特征为标准对企业发展阶段进行划分，分别从每个阶段选择一个具有典型创新特征的产品，运用创新网络控制力的九个测量题项分别针对每个产品在研制过程中的创新网络控制力进行测度，根据测量结果及案例资料分析创新网络控制力在企业发展不同阶段的演化特点。

　　（4）数学模型法。数学模型是用符号、函数关系将评价目标和内容系统地规定下来，并把相互间的变化关系通过数学公式表达出来，所表达的内容可以是定量的，也可以是定性的，但必须以定量的方式体现出来。本书使用一种较为简单的求解有约束非线性规划问题，使用库恩塔克条件的方法，利用柯布-道格拉斯函数设置复杂产品系统企业市场控制力构成函数，并通过分析函数参数的影响因素及其在企业生命周期中的变化得出复杂产品系统创新市场控制力三个关键要素的演化特点。

　　基于上述研究方法的介绍，本书的技术路线如图1.2所示。

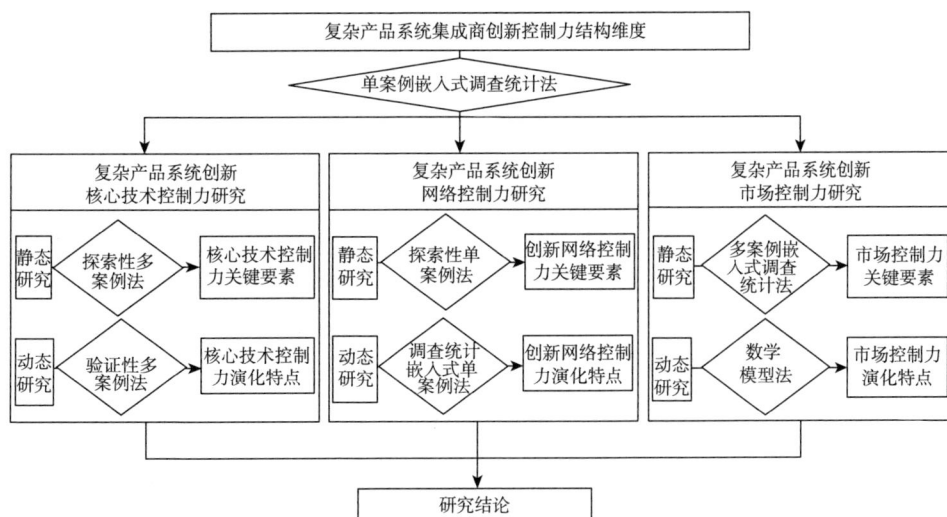

图 1.2　技术路线

第2章 复杂产品系统企业创新控制力研究的理论背景

本章从复杂产品系统及创新控制力两个角度对相关文献进行综述和分析，从概念、范畴及特性三个方面对复杂产品系统进行概述，并从技术创新特点、创新过程及创新组织三个方面对复杂产品系统的创新管理相关研究进行归纳总结，且对与本书关系密切的创新能力和控制力等相关文献进行梳理与总结。最后得出复杂产品系统创新的四个主要研究视角。

2.1 复杂产品系统理论概述

2.1.1 复杂产品系统概念

复杂产品系统是由综合大技术系统（Giikalp，1992）、高价值资本产品（Hambrick，1983）和军事系统产品（Maccormack et al.，2012）等概念演化而来的。这一概念出现于 20 世纪 90 年代中期，是由英国苏赛克斯大学科技政策研究所与布莱顿（Brighton）大学创新管理研究中心合办的"复杂产品系统创新中心"等机构研究的，Hobday 和 Rush 等著名教授首次较为系统的提出（Hobday，1996）。复杂产品系统的概念发展至今已有二十余年的时间，但目前尚未达成一致的认识，国外相关学者对复杂产品系统概念的界定如表 2.1 所示。

表 2.1 国外相关学者对复杂产品系统概念的界定

相关学者	概念界定
Hobday（1996，1998）	规模大、单价高，高附加值、工程及信息密集的产品、系统、资本品，具有大量的专用子系统和元器件，一次性或小批量为客户定制生产
Hobday 和 Rush（1999）	技术含量高、研发投入大、项目周期长、定制化程度高、复杂程度高的大型产品、系统、控制单元、网络
Gann 和 Salter （2000）	高风险、高技术、高附加值的大型产品或系统，以项目管理为主的系统工程与系统集成

续表

相关学者	概念界定
Prencipe（2000）	高成本、高工程含量、高附加值，并具有亚系或构造的产品系统
Davies 和 Brady（2000）	高技术、高附加值的资本品，B2B（business to business，即企业对企业）形式的单件或小批量生产
Gershenson 等（2003）	研发成本高、技术含量高、规模大、单件或小批量生产的大型产品、系统或基础设施
Davies 和 Hobday（2005）	高技术、高附加值的资本品，高成本、工程和软件密集性的产品、系统、网络、工程项目

　　国内关于复杂产品系统的研究起步较晚，部分学者也对该领域进行了研究，代表性学者如下：张炜强调了复杂产品系统与复杂技术产品的区别，即成本高、投入大、周期长，但技术要求较低的复杂技术产品不属于复杂产品系统范畴，并讨论了复杂产品系统的创新网络（张炜，2001）和技术创新过程模式（张炜，2004）。陈劲等（2004）从构成复杂产品系统的元件、次系统和集成系统三个层面之间的作用机理来说明复杂产品系统的复杂性，并且基于产品系统自身的物理结构特性提出从技术深度和宽度两个维度将所有的产品系统划分为四个产品类型即复杂产品系统、高新技术产品、组合产品和简单产品，以界定复杂产品系统的产品范畴。

　　为了更好地理解复杂产品系统的概念及其产品所属范畴，Davies 和 Hobday（2005）详细列举了属于复杂产品系统的产品类别，见表 2.2。

表 2.2　复杂产品系统举例

复杂系统举例	复杂产品举例		
航空运输理系统	航母	飞机发动机	装甲战车
行李处理系统	战舰	化工厂	航空电子设备
银行自动化系统	桥梁	散货船	直升机
基站移动通信系统	游轮	水坝	码头/港口
电子商务系统	电子零售网络	客机	飞行模拟器
企业管理信息系统	高速列车	气垫船	智能建筑
导弹系统	核电站	海洋钻井船	炼油设备
柔性制造系统	无线电发射塔	轰炸机	潜艇
轨道交通系统	飞机跑道	大型起重机	装载机

　　基于以上国内外学者对复杂产品系统的研究，本书从以下几个角度理解复杂产品系统的概念：其一，复杂产品系统的生产主体可以是一个临时的项目组、单个公司、几个公司的联盟组织、政府与单个或多个公司（研发机构）的联合体；其二，复杂产品系统的产品类别包括单件或小批量的产品、系统、子系统、基础设施等；其三，复杂产品系统的产品属性表现为高成本、高技术、高风险、高附加值和大规模；其四，复杂产品系统的客户类别包括（国家/地方）政府、（单个/

多个）公司；其五，复杂产品系统的生产过程表现为客户高度参与（产品设计至交付使用的全过程）、多个利益相关者共同参与（集成商、供应商、客户、政府）、（一个或多个正式或非正式）合同约束等特点。

2.1.2　复杂产品系统范畴

通过复杂产品系统的定义和特性可以看出此类产品与大规模制造产品相比具有明显的特征，不同学者从不同的维度对产品类别进行划分（表 2.3），这些产品类别的划分有助于更好地界定复杂产品系统所属的产品领域，以明确复杂产品系统的产品定位。依据表 2.3 中对产品的分类可以从不同的角度明确复杂产品系统所属的产品领域及产品定位。

表 2.3　基于不同分类标准的产品类别划分

不同产品分类	分类维度	产品类别
Woodward（1958）	生产类型 生产数量	项目型、小批量生产型、大批量生产型、大规模生产型、连续流程生产型
Shenhar（1993，1994）	产品范围 技术不确定性	陈列型产品、装配型产品、系统型产品
		低度级别技术产品、中度级别技术产品、高度级别技术产品、超度级别技术产品
陈劲等（2004）	技术深度 技术宽度	简单产品、组合产品、高新技术产品、复杂产品系统

1. 范畴识别一

Woodward（1958）从产品的生产类型和生产数量两个维度对产品进行分类。产品分为项目型、小批量生产型、大批量生产型、大规模生产型和连续流程生产型五种类型。其中，复杂产品系统属于项目型和小批量生产型这两种产品类型的子集，其中，具有高技术含量、高附加值、高研发投入和高度复杂内嵌软件等特征的产品、基础设施、网络和工程产品等属于复杂产品系统。

2. 范畴识别二

Shenhar（1993，1994）从产品范围和技术不确定性两个维度对产品进行分类，其中产品范围分为三个层面，即系统层面、装配层面和排列层面，技术不确定性分为四个类型，即低不确定技术产品、中不确定技术产品、高不确定技术产品和超不确定技术产品。以这两个维度对产品类别进行划分，复杂产品系统则属于具有系统结构的高不确定技术产品。

3. 范畴识别三

陈劲等（2004）从元件、次系统和集成系统三个层面区分产品的复杂性，并基于产品系统自身的物理结构特征从技术深度和技术宽度两个层面对产品进行分类，将产品分为简单产品、组合产品、高新技术产品和复杂技术产品。基于这两个角度的分类，复杂产品系统则属于具有集成系统和复杂技术双重属性特征的产品。

2.1.3　复杂产品系统特性

在复杂产品系统成为独立的研究对象之前，已有研究散见于相关文献中。例如，Mowery 和 Rosenberg（1982）将航天飞行器作为一种特殊的复杂工业品对其创新过程及管理进行案例研究；Shenhar 和 Dvir（1996）以项目式组织管理作为主要标准区分传统创新管理与以项目为主创新管理的区别。这些散见的研究使复杂产品系统的特殊性及其研究价值和意义逐渐浮现出来，以 Hobday（1998）为代表的学者认为，传统的技术创新研究主要是以大规模制造产品为研究对象，其创新理论难以解释如航天飞行器、大型技术体系等这类高价值、高技术、高成本和高客户定制的大型资本品的创新活动，而这类产品对国民经济的发展又具有十分重要的作用，因此亟待产生新的理论阐释这类产品的创新活动和相关问题，复杂产品系统的概念和研究领域也由此应运而生。复杂产品系统与大规模制造产品的区别如表 2.4 所示。

表 2.4　复杂产品系统与大规模制造产品的区别

区别维度	复杂产品系统	大规模制造产品
产品特征	零部件多、复杂元件界面 内嵌定制元件 产品生命周期长 高附加值的资本商品 涉及多种知识和技能 性能竞争	零部件少、简单界面 标准元件 产品生命周期短 低附加值的消费商品 涉及较少知识和技能 成本竞争
生产特征	单件/小批量生产 系统集成 研发生产融为一体 客户高度参与研制过程始终	大规模/大批量生产 制造系统设计 研发生产不同步 创新服务于市场需求
市场特征	双边寡头结构 B2B 交易方式，交易金额大、数量少 政府高度调控 高度管制市场 议价	许多买者和卖者 B2C 交易方式，交易金额小，数量多 政府很少调控 一般市场机制 市场价格
技术特征	技术含量高、密集 涉及技术种类多 技术扩散速度快 创新和扩散同步进行	技术含量低 涉及技术种类少 较少技术扩散 创新和扩散分开进行

资料来源：Hobday（1998），Davies 和 Brady（1998），Gann 和 Salter（2000）

1. 产品特征

复杂产品系统本身具有系统性的复杂界面，且多含有内嵌式的软件系统等模块组件，各模块组件也需要定做，并以层次链方式集成（Hobday，1998）。例如，集散控制系统（distributed control system，DCS）含有自动控制、网络通信、电子和机电等多个现代自动控制集散分支，大型船舶产品涉及交通、能源、材料和信息等重要领域。复杂产品系统的生命周期比较长，在其交付使用之后仍会延续（Shenhar et al.，1997），此外复杂产品系统的技术更新主要体现在局部子系统或子模块的技术创新或功能升级。

2. 生产特征

复杂产品系统的研发与生产融为一体，产品研发过程完成，产品的生产过程随即完成，没有扩大再生产和产品进入市场的推广过程（Hobday，1998），复杂产品系统研制的重点在于设计、模块开发与系统集成，研制过程由系统集成商、分包商和最终用户三个组织参与，且各利益相关者在研制过程中各阶段的任务和目的各不相同（Davies，1997b）。系统集成商秉承"两头内、中间外"的原则将部分模块的设计、开发、研制和制造工作分包给不同的分包商，而其主要任务表现为对大型复杂项目的管理、对众多技术领域中关键技术的掌握，以及对各模块技术的集成工作（Hobday，1998）。

3. 市场特征

（1）复杂产品系统市场买卖双方数量有限、关系稳定。复杂产品系统的市场特征主要表现为"双边寡头结构"，其中一边是指由几家集成商分割市场所组成的集成商寡头结构，另一边则是由大型专业用户（如电信部门、航空部门、电力部门等）或政府部门机构组成的用户寡头结构（Hobday，1998）。复杂产品系统的最终提供者一般都是大型的系统集成商，这类厂商一般都是经济、技术实力非常雄厚的大公司，他们依靠强大的经济实力，以及同客户、政府等其他利益相关者在长期合作过程中形成的良好的合作关系，在获取订单方面具有较强的优势，且在复杂产品系统的产业链条中处于主导地位，具有较强的控制力（Shenhar et al.，1997）。此外，在复杂产品系统市场中，买卖双方的数量十分有限。例如，中国轨道交通装备制造业只有两家公司，即中国北车股份有限公司和中国南车股份有限公司，全球知名移动通信设备制造商也只有七家。由于复杂产品系统生产商和供应商的数量非常有限，在复杂产品系统市场中供需双方的关系一般比较稳定，系统集成商与生产商、供应商及其他利益相关者之间形成了彼此相互依赖、相互制约的竞合关系，尤其是在产业链条中处于主导控制地位的系统集成商，他们的任何一个决策或者技术变革都会对其他利益相关者产生不同程度的影响。

　　复杂产品系统的用户具有一定的特殊性，高度参与产品生产的全过程，即从产品设计到产品交付使用，系统集成商及其他利益相关者都与客户保持密切的交流与合作，不断了解和完善客户对产品的要求，同时系统集成商也会通过技术升级、技术引进等途径的产品创新创造性地满足客户需求，从而与客户需求形成持续性的互动沟通效果（Hobday，1998）。此外，复杂产品系统的客户通常处于优势和主导地位，以中国轨道交通装备制造业的客户为例，政府作为产品的使用者，不但与企业形成共同的微观创新联合体贯穿产品创新过程的始终，而且通过政策导向、政策制定等形式决定产品的发展方向与市场需求。

　　（2）复杂产品系统的市场进入壁垒高。上文提到复杂产品系统市场中买卖双方的数量十分有限且数量稳定，其中一个重要的原因就是复杂产品系统市场的进入壁垒非常高。市场进入壁垒是某一个产业在位者相对于潜在进入者所具有的优势，这种优势包括绝对成本优势、产品差异、特有资源及规模经济等，其中政府管制在某种程度上也成为市场中在位厂商不必负担的生产成本。基于市场进入壁垒的概念，以及复杂产品系统的产品特性可以得出复杂产品系统新进入厂商面临的进入壁垒有以下几个方面：第一，政府管制壁垒。这是新厂商进入复杂产品系统市场的硬性壁垒，复杂产品系统大都是关乎国计民生的大型产品或系统，如交通设备、国防装备和航空航天等，这些产业关系着国家的命脉和经济发展，因此政府对这些产品所在产业进行较为严格的控制和管理，不仅对在位厂商进行密切的调控和管制，同时对市场新进入者也实行严格的市场准入管理制度，需要对新进入者进行严格的考核和审查过程后取得政府批准方可进入复杂产品系统市场。第二，互补性资产壁垒。在对复杂产品系统市场结构第一个特征的阐述中已经说明，在复杂产品系统市场中，系统集成商与供应商、生产商及其他利益相关者在长期的合作过程中已经形成了稳固的、良好的合作伙伴关系，这种合作关系降低了复杂产品系统的生产交易成本，对新进入者而言，要取得在位厂商已获取的这种互补性资产则需要很长的时间，因此，这种互补性资产也成为复杂产品系统市场新进入厂商的一个关键的进入壁垒（Tatikonda and Rosenthal，2000）。第三，生产投资壁垒。复杂产品系统的生产周期往往要数年甚至更长，在生产过程中，用户需求改变、合作伙伴的延期交付或其他外部因素变化都会对复杂产品系统设计及生产造成影响。此外，复杂产品系统的开发和生产需要大量的投资，巨大的资金投入、较长的生产周期，以及生产过程中的不确定性风险都对企业的资金实力提出了非常高的要求（Davies，1997a），这种高投资、高风险的投资壁垒成为复杂产品系统市场新进入者的天然屏障。

　　4. 技术特征

　　从复杂产品系统的概念中可以看出，这类产品涉及技术含量高、种类非常多的技术，它的开发成功能够促进内嵌在复杂产品系统各模块中技术的发展，因此其技术创新的扩散速度非常快，能够引起相关产业的技术升级，带动普通大规模制造产品的发展（Davies and Hobday，2005）。例如，柔性制造系统的研制成功与应用能够推动制造业的发展。

2.1.4　复杂产品系统创新

1. 复杂产品系统技术创新

Balachandra 和 Friar（1997）按创新的性质及创新程度的不同将技术创新分为渐进性创新和突破性创新两类。渐进性创新是指基于产品现有的设计对产品外观、设计等做较小的改变，一般是以原有市场的产品需求为出发点（Balachandra and Friar，1997；Ettlie et al.，1984）。而突破性创新是指对产品的核心部件、核心技术进行改变，多是针对一个全新市场推出的全新产品概念(Tushrnan and Adnerson，1986)。从渐进性创新与突破性创新的概念中可以看出，突破性创新与渐进性创新相比，其技术复杂性相对较高，且创新过程中的组织管理难度、市场开拓难度也都相对较高。

复杂产品系统由客户导向的、互动控制的单元、子系统和功能模块组成（Davies and Hobday，2005）。复杂产品系统的复杂性包括部件数量、系统和部件的定制程度、可能的设计路线数量、系统架构的复杂性、要求的知识和技能的广度与深度，以及材料的多样性等（Hobday，1998）。因此，对复杂产品系统创新过程而言，其中一个小部件的改变，会对整个产品系统其他部分的控制系统、材料及设计方案等提出新的要求。因而，本书认为，无论是复杂产品系统的局部部件改变还是产品整体的创新，对于整个产品系统而言，都可归结为具有较高系统复杂性、技术难度的创新项目。

已有学者多以大规模制造产品为例对技术能力进行研究，而复杂产品系统在产品结构、生产特性及创新管理等方面与普通大规模制造产品存在较大的差异，因此复杂产品系统集成商的技术能力构成与普通大规模制造产品的技术能力存在不同。Hobday 和 Rush（1999）将复杂产品系统的技术能力归纳为三个方面的能力，即元件能力、构建能力和系统能力。元件能力是在掌握关键元器件知识基础上形成核心部件研发的制造能力；构建能力是在核心元器件研制基础上对整个产品系统的集成和配套扩展能力；系统能力是指能够在融合和反馈多学科知识基础上进行跨项目学习以实现产品升级的能力。Davies 和 Hobday（2005）认为系统集成是复杂产品系统企业核心的技术能力，集成能力对复杂产品系统企业的发展和竞争力提升具有非常重要的作用。Prencipe（2000）认为复杂产品系统属于多技术系统，因此企业应重点关注元件层面的技术能力，以不断整合产品研发与制造过程中的新技术。国内学者也对复杂产品系统的技术能力进行了研究，陈劲等（2004）从技术宽度和技术深度两个层面理解复杂产品系统的技术能力，技术宽度是指产品系统所内嵌的技术领域范围，技术能力宽度表现为企业所拥有的且能够运用到产品系统开发中的技术领域范畴。技术深度是指产品系统开发过程中最难解决的技术问题，技术能力深度表现为企业所拥有的能够解决最困难技术问题的层次（于渤等，2011）。

Hobday 和 Rush（1999）将复杂产品系统的技术能力归纳为元件能力、构建能力及系统能力，并进一步说明在企业发展的不同阶段表现为不同的技术能力，即企业发展的前期阶段主要是元件能力形成期，在此基础上逐渐进入构建能力形成期，最后表现为系统能力形成期。于渤等（2011）将重大技术装备制造企业技术能力的演进划分为四个阶段。第一个阶段是监测引进能力阶段，建立适合的技术监测系统，使引进技术与企业现有能力相互耦合，便于企业消化吸收所引进的技术；第二个阶段是模仿制造能力阶段，熟练使用成熟技术的能力；第三个阶段是改进制造能力阶段，企业在将引进技术的隐性知识转化为自己的知识存量的基础上以复制性分解研究来开发相关产品；第四个阶段是自主创新控制力阶段，企业在一定的技术条件和经济条件下，依靠自身（或主要依靠自身）的力量有效运用企业内外的各种创新资源，致力于关键技术、核心技术的研发和创新，并通过建立新的技术平台或取得核心技术突破以掌握对企业发展有重大影响的自主知识产权。

2. 复杂产品系统创新过程

Davis 等（1997b）提出复杂产品系统创新要经过产品概念形成和开发制造两个阶段，并从价值链增值角度提出复杂产品系统创新过程模式，将其分为早期阶段、制造、系统集成、运营、提供服务、交付最终消费者阶段。Kash 和 Rycroft（2000）从复杂产品系统创新过程的技术获取方式角度提出了复杂产品系统的三种创新模式，即变化转换模式、正常模式和跳跃式发展模式。复杂产品系统的创新过程是建立在常规产品创新基础上的一种特殊形态的创新过程，具有与常规产品创新过程不同的特性。首先表现为创新过程的多方参与者，复杂产品系统的创新过程由系统集成商、分包商及最终用户等多方相关者组成，各参与者在创新过程不同阶段的参与程度和承担的任务不同。系统集成商在整个过程中起主导作用，控制整个产品研发过程的技术引导、模块划分、分包商评估与选择、内嵌式开发协调控制、模块集成与联调测试，以及现场调试和系统完善等工作。分包商在系统集成商划分模块后开始进入复杂产品系统的研制过程，包括分合同的竞标、内嵌式技术研发与试制、模块对接辅助联调，以及协助产品交付用户使用等过程。

复杂产品系统的最终用户从产品概念开发开始参与系统功能性需求描述，并与系统集成商一起评估并选择分包商，通过进一步明确需求协助系统集成商和分包商完成内嵌式开发工作，最后完成初步验收与反馈工作。

从图 2.1 中也可以看出，与普通产品创新过程相比，复杂产品系统创新过程增加了任务分解、外包选择和集成联调三个阶段。复杂产品系统并非局限在一个企业内完成，而是需要多个企业之间以跨组织项目形式进行协作，通常会形成一个复杂的创新网络，作为产品主导者的系统集成商往往需要通过对创新网络的管理和组织实现产品的创新过程。此外，复杂产品系统的研发与生产交互并行，由于复杂产品系统的单件或小批量定制生产，与传统的大规模制造产品创新过程相比，复杂产品系统的研发过程完成则实现产品成型，没有单独的研发过程、样品试制过程和中试过程。与此同时，产品交付给用户则实现产品进入市场，没有产品进入市场的推广过程，而产品的跟踪维护过程较为重要。

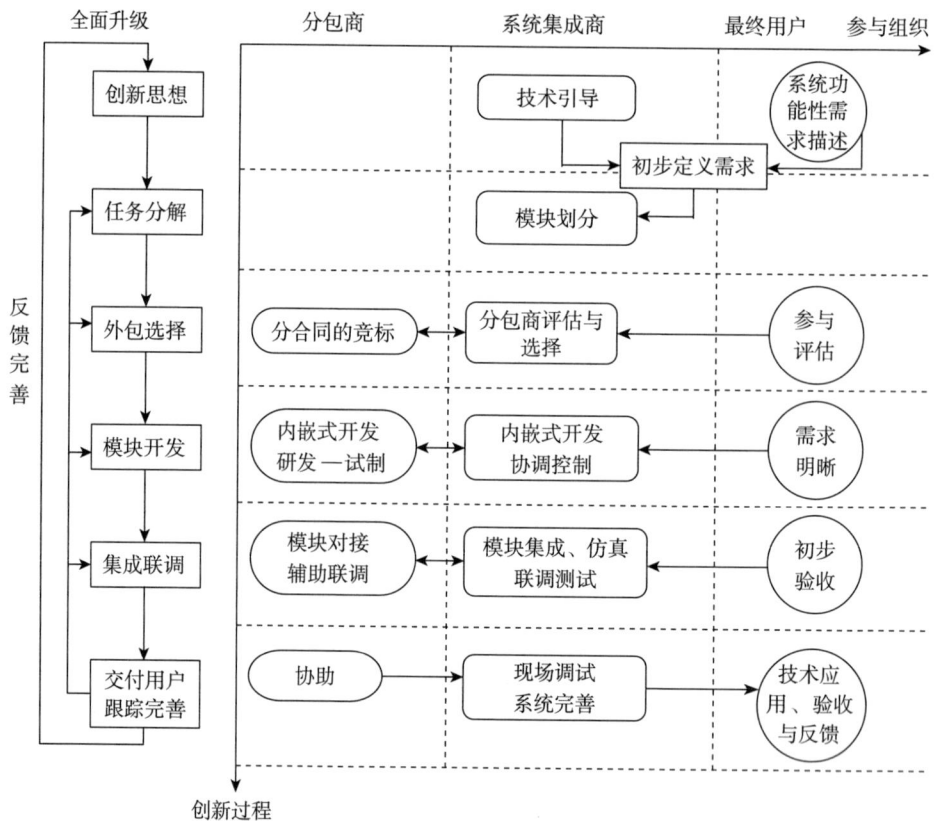

图 2.1　复杂产品系统创新流程图概念模型

资料来源：周永庆等（2004）

3. 复杂产品系统创新组织

项目研制开发往往是一次性的，其项目任务具有自包含性、临时性和复杂性特征，较难融入企业的常规组织过程，因此往往需要专门的组织模式和具有针对性的管理办法（Davies，1997b）。项目制组织在管理过程中则以项目为导向，通过资源配置和项目管理提升自己的竞争能力并实现企业的生存与发展（Grabher，2002）。以项目制组织为主的复杂产品系统研制过程则主要表现为"自主"管理，即以系统集成商为主导对项目组内的成员实行自主式创新管理。这是以开展"项目开发"为导向的，一种基于"项目"和面向"创新"的组织体制（Chen，2004）。由于复杂产品系统创新的项目制组织通常包括系统集成商、用户、高校、研究机构、政府、供货商和投资商等成员（图 2.2）。

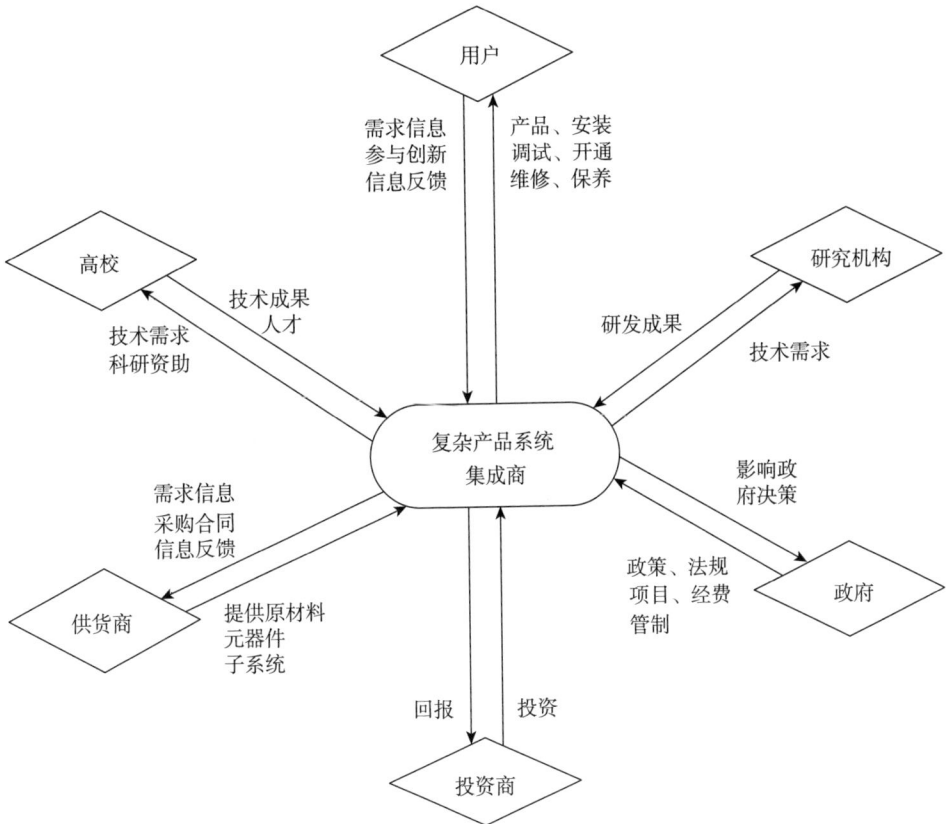

图 2.2　复杂产品系统项目制组织结构

不同的项目制组织成员在创新网络中的角色和作用不同，且与系统集成商之间的连接媒介和关系强度也不相同。例如，供应商和用户与系统集成商之间的关系是通过市场来实现和连接的，而科研机构和高校与系统集成商之间的关系并不是通过市场来实现连接的,而是通过合资企业或者科研公司、人才培训、政府资助项目等多种类型联系方式进行连接的。这些连接方式在项目制组织中形成了不同层次和作用效果的创新网络。因此,以项目制为主导的网络组织是最适合复杂产品系统创新的组织模式(Grabher,2002)。创新网络是指企业在创新过程中为应对创新复杂化和市场竞争加剧的系统性调整而形成的包括正式与非正式合作关系的基本制度安排(Chen,2004)。Brusoni 和 Prencipe(2001)认为复杂产品系统的组成元件和相关领域的技术变化存在密切的系统联系,为此采取网络组织模式有助于企业进行跨领域和组织结构的知识管理。Kash 和 Rycroft(2000)认为,复杂产品系统的技术复杂性决定了其产品创新需要企业间形成网络组织,这有助于开展技术学习,以及大量隐性知识在特定背景下的交流与学习,此外,这种创新网络组织还可以缓解复杂产品创新过程中的资源约束。因此,复杂产品系统企业的项目能力是促使整个产品系统的各部件系统有效集成形成最终产品的关键。

2.2　创新能力理论概述

2.2.1　创新能力的内涵

1. 创新概念的发展

1912 年奥地利经济学家 Schumpeter(1934)首次从经济学的角度提出了"创新"的概念,并将其界定为"把一种从来没有过的关于生产要素的'新组合'引入生产体系"的过程与结果。Freeman 和 Soete(1997)基于熊彼特理论提出技术创新的概念,并将技术创新理解为包括新产品的销售或与新工艺、新设备的首次商业化应用相关的技术、设计、制造、管理及商业活动等,在很长一段时间内,创新的内涵都被界定在技术创新领域。随着学术界对创新现象的深入理解,创新的内涵也不再仅仅局限于企业的技术创新,而是逐渐向组织层面发展(Birkinshaw et al.,2008)。Stata(1989)强调管理创新是充分利用技术领先优势的必要条件,自此管理创新引起学术界的关注。此外,服务创新(Tidd,2003)、制度创新(Hargrav and Vandeven,2006)等也逐渐被纳入创新领域的研究范畴。自创新的内涵有了新的界定,Crossan 和 Apaydin(2010)将创新定义为经济与社会领域对增值的新颖性的生产、消化与利用过程,包括开发新产品/新市场/新生产方法,以及构建新的管理模式等。我国学者对创新理论的研究始于 20 世纪 80 年代,傅家骥和姜彦福(1992)基于国外研究结论与经验将技术创新理解为企业推出新的产品、新的生产方法、开拓新市场、获得新的原材料或建立新的组织，它包括企业为获取商业利益而进行的一系列科技、组织和金融等活动。魏江和许庆瑞（1994）将技术创新理解为一种新的思想，并将其定义为利用并生产满足市场需求的新产品的过程中的所有活动。吴贵生（2000）认为，技术创新是指技术创新理念的形成、产品概念的开发、产品研制至实际应用，并最终产生经济和社会效益的全部商业化活动。目前学术界尚未对创新的定义形成统一的认识，大部分学者仍在技术创新领域进行创新研究，关于创新能力的研究大多也仍在技术创新领域中进行，本书部分内容所涉及的创新概念也并没用突破技术创新本身内涵。

2. 创新能力的内涵

国内外学者对创新能力进行了大量的理论和实证研究，对创新能力内涵的界定及研究多限定在技术创新领域。国外代表性学者对创新能力内涵的界定归纳总结如表 2.5 所示。各学者对创新能力内涵的理解与界定来自于不同的角度，各有侧重点和优缺点，都不足以概括创新能力的全部内涵，但各类对创新能力内涵的阐述，对能力创新本质性的认识是趋于一致的。国内学者在引进创新能力概念的过程中，也未形成统一认识，根据学者的知识背景及个人偏好不同，逐渐形成了不同视角下对创新能力内涵的阐述和界定。魏江和许庆瑞（1995）从战略视角将企业创新能力界定为企业支持创新战略实现，由产品创新能力和工艺创新能力两者耦合并由此决定系统的整体功能。吴贵生等（2002）从技术和市场两个角度提出企业创新能力是能够系统完成与创新相关活动的能力，一是表现为将创新性的概念转化为满足用户需求的产品；二是表现为有效说服用户接受自己的创新性产品；三是表现为有效管理这一过程，并获得一定的财务回报。苏敬勤和刘静（2012a）从产品升级视角认为企业的创新能力表现为企业的新产品开发，以及基于已有产品平台的系列产品开发，并提出实现产品创新的三个维度，即独立的产品平台、自主的产品开发模式和对先进技术的集成能力。

表 2.5　国外代表性学者对创新能力内涵的界定

代表性学者	主要观点
Romijn 和 Albaladejo（2002）	创新能力是指企业的产品开发能力、改进生产工艺/技术能力、生产能力和组织能力的综合
Burgelman 等（1995）	创新能力是企业所表现出来的有利于实现企业创新战略的资源分配、企业文化、组织模式及战略管理等综合特征
Lawson 和 Samson（2001）	创新能力是企业开发新产品/新工艺，以及改善现有产品与工艺的能力
Panda 和 Ramanthan（1995）	创新能力是企业有效吸收、掌握、提高、改进现有技术/工艺以开发新产品、新技术的技能和知识的综合
Parashar 和 Singh（2005）	创新能力是能够促进和支持企业实现技术创新战略的一系列综合特征
Terziovski（2007）	创新能力是企业发展新产品/工艺/生产过程以满足市场需求的技术活动能力

2.2.2　创新能力结构

随着经济全球化与信息化的发展，企业的创新行为不断扩展，企业创新能力结构的多维度特征也表现得更加明显。各学者基于不同的研究视角对创新能力的内在结构进行了不同的维度划分，如图 2.3 所示。

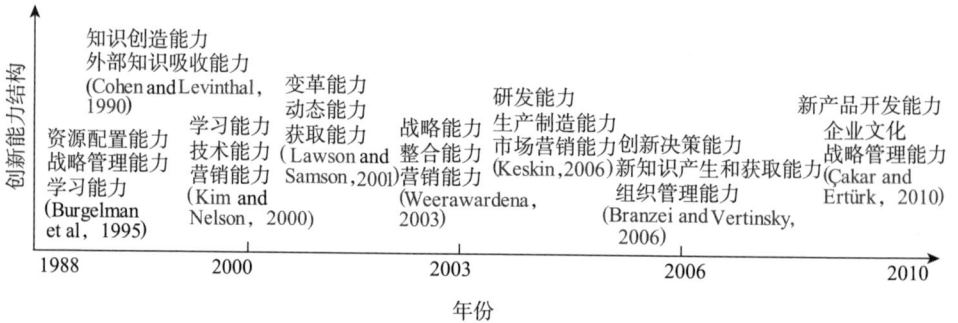

图 2.3　代表性学者对创新能力结构的维度划分

从图 2.3 可以看出，企业的创新能力由一组相互关联的能力模块的集成，企业的创新能力不仅为企业有效实现创新过程、实现预期的创新目标提供保障，也能够为企业获得创新收益分配权提供基础。企业的创新能力主要包括以下几点：①技术能力。Moom（1998）认为任何企业都需要从外部获取各种技术资源，而技术能力就是企业认识外部技术资源的价值，并在有效阐释、理解和学习的基础上利用这些资源提供新产品的吸收能力。Panda 和 Ramanathan（1995）认为技术能力表现为企业利用不同的技术管理行为以实现企业绩效的能力组合，可理解为具有竞争力的难以复制的组织能力。②资源整合能力。Hilbert 和 López（2011）认为企业的资源整合能力表现为企业利用内部和外部的各种资源以组合或者重新组合要素之间的关系、方法、工艺和技术的能力。Coombs 和 Bierly（2006）与 Lin（2003）认为资源整合能力表现为企业获取及管理技术发展与变化的一种竞争性资源。③学习能力。Figueiredo（2002）认为学习能力是企业在持续的技术学习中选择、获取、消化吸收、改进和创造各种技术资源，从而产生知识和服务的累积性知识，并通过良好的知识共享渠道和知识创造机制提升企业的竞争优势。④战略管理能力。Kaplan 和 Norton（1996）认为战略管理能力是企业为实现其产品开发、技术创新等商业目标而设置的一系列战略性技术目标和技术手段。Kogut 和 Zander（1992）认为战略管理能力体现为获取新技术和能力的战略选择，以及在获取新技术之后如何将新技术替换现有技术的技术轨道跃迁时机的战略选择。Grant（1991）认为战略管理能力是企业提高资源能力价值，使企业在市场持续保持优势的竞争性战略。⑤营销能力。企业将产品或服务从生产者到达消费者这一过程中所具有的经营管理能力

（Weerawardena，2003）。营销能力是以顾客满意为导向，通过与外部市场的良好沟通，制定有效的营销策略与战略。⑥研发能力。Cantwell 和 Fai（1999）认为研发能力是使企业在产品概念设计、产品开发、工艺设计及加工制造等流程中实现创新的资源。⑦动态能力。Teece 和 Pisano（1994）认为，动态能力是指企业整合（integrate）、建立（build）及重构（reconfigure）企业内外资源以便适应快速变化的环境的能力，"动态"（dynamic）强调能力的动态变化，是企业根据快速变化的环境整合、建立和重构内部与外部能力的能力，"能力"（capabilities）则是指一个多维度的概念，强调企业能够整合及重新配置组织内外部资源的技能以应对环境变动需求的能力组合（Winter，2003）。Helfat（1997）在此基础上进一步强调动态能力是使企业具有快速创造新产品与程序以适应市场变化的能力，并通过这样的能力维持其竞争优势，Eisenhardt 和 Martin（2000）通过列举多个有关动态能力的个案指出动态能力是一种可识别的常规惯例和具体过程。

2.3　控制力理论概述

2.3.1　控制力内涵概述

"控制"一词包含调节、操纵、掌控、管理、监督和指挥等多方面的含义，而目前业内尚未对"控制力"给出统一的定义，企业管理领域通常用"控制力"衡量企业把握关键性资源和掌握主动权的程度，组织行为学领域将"控制力"理解为人的自制力和影响力等。根据相关文献，现有关于控制力的研究主要从国有经济、产业和企业三个层面视角展开，各研究视角下对"控制力"内涵的理解如下所述。

1. 国有经济控制力

国有经济控制力是一个经济性、动态性的概念（Raymond and Aharoni，1981），1997 年 9 月，江泽民在中国共产党第十五次全国代表大会上的报告中提出了国有经济控制力的概念。此后，理论界和企业界也普遍采用了这一提法，并从不同角度对这一概念进行了阐释。徐国详（2003）提出国有经济是通过对关系国民经济命脉的重要部门、关键领域和战略产业实行国家所有制，通过管控、支配和规定其发展方向，以实现主宰国民经济运行方向、结构及速度等内容。谢敏（2010）认为国有经济控制力是国有经济在促进国民经济增长、维护国民经济稳定，以及应对外部环境冲击中发挥对国民经济的控制效用。喻新强（2006）认为国有经济控制力是社会主义国家所有制或全民所有制的控制力,主要从数量、质量和重要性三个方面进行经济控制,从而为国民经济与社会运行发展服务。

2. 产业控制力

产业控制通常是指国家为保护本国产业及国家经济安全而对相关产业实施的控制性管理(卜伟等,2011),而更多产业控制力的相关研究多嵌于产业链和全球价值链的相关领域研究中。Jensen(1993)认为企业利用自身优势掌握产业链中的关键节点、关键资源以在产业链分工中获得独特利益的能力。Ordys等(1994)提出产业控制力表现为企业控制产业链上下游环节,以驾驭自身资源、协调各部门有序发展的能力。徐林(2005)从横向行业地位、纵向产业位势和立体产业多元化三个维度理解产业控制力,并指出产业控制力主要取决于企业在由上述三个维度所构成坐标系中的相对位置。Mayers等(1997)认为产业控制力是企业基于自身优势,在与其他企业进行合作时具有的主动权,具有产业控制力的企业能够通过掌控关键资源而对其他企业进行控制,并能有效消除资产专用性的风险。

3. 企业控制力

企业控制力多是指公司对内部经济业务,以及日常经营管理工作的控制。李宇等(2006)从内部和市场两个角度理解企业控制力,其中内部控制力是指企业规章制度、行政命令及财务控制等能够实现企业目标,以及保持企业稳定性的硬性控制方式;而市场控制力源于企业所处行业中的地位,是指企业通过对产品价格和产量的控制而体现出左右市场的一种能力,通常表现为对营销网络和分销渠道的控制与市场占有率等。李颖灏和彭星闾(2007)提出控制力是企业根据市场经济运行规律,调整企业的战略规划和运营,对企业自身行为进行约束,将其经营活动控制在自身能力范围内,从而降低企业的运营风险。也有学者将企业控制力理解为企业控制能力,Doz和Prahalad(1984)从战略视角将企业控制能力理解为企业拥有资源优化配置的能力;Baysinger和Hoskisson(1990)认为企业的控制能力是指在战略实施过程中快速整合、重构内外部资源,培育竞争优势以应对不断变化的环境的能力。李自杰和陈晨(2005)认为企业控制能力是企业根据内外部市场环境对公司的战略规划和日常运营工作进行调整,以降低经营风险,并获取相对于竞争对手更多的成本优势。

本书对企业控制力的理解主要分为企业层面和产业层面两个层次,具体而言:一方面,以企业控制力视角为切入点,在具体研究过程中基于典型企业的探索性案例研究深入剖析并理解复杂产品系统集成商的企业控制能力;另一方面,在对典型案例企业控制力深入理解的基础上,通过多案例研究及大样本调查统计等方法,将对企业控制力的理解概推至对整个复杂产品系统制造业控制力的理解,以期得出复杂产品系统制造业控制力的一般性结论。

2.3.2　控制力与创新力关系

自熊彼特提出创新概念以来，人们已经充分认识到创新在企业成长中的重要性，也从不同角度对创新相关领域展开研究（Koellinger，2008；Thornhill，2000；Markides，1998）。近年来，人们也开始认识到控制在企业成长中的作用，并逐渐将对控制的理解由法约尔总结的五大管理职能之一拓展至企业管理范式的重要层面。也有部分国内外学者将创新力与控制力视为企业持续成长的两个重要因素，并对二者之间的关系展开了深入研究。

Ambos 和 Schlegelmilch（2007）主要研究了跨国公司对其海外研发机构的控制机制，并得出母公司的控制力与海外研发机构的创新力具有重要的相互依存性内在关系。Lazonick 和 Prencipe（2005）以 Rolls-Royce 公司为例分析了战略控制在企业发展不同阶段过程中对创新活动的作用机理。Hitt（1996）分析了财务控制和战略控制对公司创新绩效的影响，并得出财务控制可使企业的创新活动获得短期利益，而战略控制则能够帮助企业在创新活动中寻求长期的竞争优势。李颖灏和彭星闾（2007）从企业创建的角度研究控制力与创新力的均衡关系，他们认为企业的创建是创新力和控制力共同作用的结果，其中企业的组织形式是各种创新活动的结果，而这些创新活动在外部环境等因素的影响下又受到一定的制约，呈现出一定的控制特性。彭星闾和周晖（2001）则从企业成长角度提出创新力与控制力的有机统一是企业可持续发展的关键，并强调一个既具有创新力又具有控制力的企业能够获得较强的竞争力，最终能发展成为行业中的佼佼者。薛文才（2004）基于企业生命周期理论，以商业银行为研究对象，进一步说明了创新力与控制力的统一与平衡是企业可持续发展的关键。胡大立和张驰（2010）从产品创新的角度阐述了产品创新力与控制力动态协同的作用机理，并基于物理学力的原理构建了"二力协同模型"。肖海林等（2004）在以海尔为案例研究企业持续发展问题的过程中，也将创新力与控制力的动态效率统一作为企业持续发展生成机理模型的重要构成要素。上述国内外学者对控制力与创新力的关系研究为本书探讨控制力视角下复杂产品系统集成商的创新能力，也即创新控制力，奠定了一定的理论基础。

2.4　总　体　评　论

通过上述对复杂产品系统概念、范畴、特性及创新管理的综述可以看出，自 Hobday 和 Rush（1999）等著名学者提出复杂产品系统这一概念以来，学者们对复杂产品系统理论研究已进行了近 20 年的探索和研究,众多学者在复杂产品系统创新领域进行了大量的探索性和验证性研究,内容涉及创新研究的各个方面,使复杂产品系统创新的理论体系日趋完善。首先,在复杂产品系统的创新过程认识方面,学术界已经基本形成了对复杂产品系统创新过程复杂性、多阶段性和多主体性的一致认同,并基于对普通大规模产品的生产流程的认识和研究从产品概念设计、任务分解、模块分解、外包选择、集成创新、交付用户及跟踪完善等多阶段理解与研究复杂产品系统创新的过程;其次,在创新组织方面,相关研究成果也逐渐明晰了复杂产品系统创新组织的特性,学者们根据自己的研究需要及研究视角,分别对复杂产品系统的项目制组织模式和项目管理进行了不同细致程度及重点的研究与分析,为更深入地研究和开发复杂产品系统创新组织管理模式的相关理论奠定了理论与实践指导基础;再次,在复杂产品系统技术创新特性方面,已有研究通过对技术创新影响因素及其作用机制的研究不断深入揭示了复杂产品系统技术创新的机理,研究内容涉及内外部环境因素,并且相关研究呈现出对政策(政府因素)、多组织合作、系统集成等影响因素的重点关注;最后,在复杂产品系统集成商创新能力研究领域,国内外学者多将创新能力嵌入创新过程、创新管理及项目组织等领域进行研究。

系统集成商在复杂产品系统项目创新过程中发挥着极为重要的主导作用,虽然复杂产品系统集成商创新能力已引起国内外学者的关注,然而,从控制力视角探究复杂产品系统集成商创新能力的研究仍然较为匮乏。此外,现有文献对复杂产品系统创新过程受到哪些关键因素的影响,以及这些关键因素的内涵与结构如何等问题关注的程度和深度尚显不足。经过文献梳理发现,有关复杂产品系统创新关键影响因素在企业发展的不同阶段所呈现的演化特点的研究还非常有限。可见,目前我们迫切需要研究的内容是系统地探讨控制力视角下复杂产品系统集成商的创新能力,本书从静态视角对复杂产品系统集成商创新控制力构成的研究,以及从动态视角对复杂产品系统集成商创新控制力演化特点的研究,在一定程度上能够充实现有的复杂产品系统创新相关理论。

2.5　本章小结

本章从复杂产品系统、创新能力和控制力三个方面对相关文献进行综述整理。其中,对复杂产品系统的相关研究,从复杂产品系统的概念、范畴、特性及创新管理四个方面进行梳理,并对与本书主题较为密切的复杂产品系统的技术创新、创新过程和创新组织等相关内容做了较为详细的归纳,得出已有研究主要从技术创新、创新过程、创新组织和创新管理等方面研究复杂产品系统创新，且多将创新控制力的研究嵌入上述研究领域。此外，基于本书的研究主题与内容，主要梳理创新能力和控制力相关研究文献，也就是对创新能力内涵与结构、控制力内涵及其与创新力之间的关系进行了归纳总结。从文献梳理可以看出，根据研究主题、研究视角及研究对象的不同，控制力内涵及创新能力的内涵和构成维度也不尽相同，上述文献总结与归纳对本书复杂产品系统集成商创新控制力的研究具有一定的指导意义。

第3章　复杂产品系统集成商创新控制力的结构维度

本章的研究目的是在文献回顾的基础上,从控制力视角构建和验证复杂产品系统集成商创新控制力的关键因素,分析哪些控制力要素是影响复杂产品系统制造企业进行产品创新的关键控制能力。

为了完成这一研究工作,本章的研究思路如下:运用质性分析软件基于单案例研究分析影响复杂产品系统创新的可观测因素,并结合相关文献将这些因素作为测度指标联结为实证研究的问卷调查量表,在此基础上运用探索性因子分析法进行实证研究,提取出控制力视角下复杂产品系统集成商创新控制力的主要成分。

3.1　中国本土典型复杂产品系统企业的案例分析

3.1.1　案例企业选择

1. 案例企业样本

基于数据可得性和案例典型性这两个因素,最终选择大连机车作为本章的单案例研究对象。

(1)数据可得性(Eisenhardt,1989)。作者与大连机车有"地理接近和关系接近"的优势,有机会近距离地了解和观察公司发展的历史过程,较为方便地获取案例研究所需的翔实资料,自2011年1月至2012年12月,作者所在的研究团队对大连机车中高层管理者及各部门人员进行了全面的实地访谈和问卷调研,收集了大量的一手数据和二手资料。

(2)案例典型性(Yin,2004)。作者选择大连机车作为本章单案例研究对象及本书的主要案例研究企业的原因有三方面:第一,大连机车及其产品创新性在国内机车行业一直处于领先地位,成为我国铁路装备制造业的领军企业,拥有一大批尖端人才,一直引领着机车产品的发展,因此具有复杂产品系统制造企业创新的代表性；第二，自 1899 年至今的一百多年发展历程中，大连机车经历了不同的发展阶段，各阶段的特征、问题及其解决方式都很有趣，而且历史数据较为完整，便于进行深入研究；第三，创新精神是大连机车发展的内在动力，而其产品创新绩效的不断提升在很大程度上得益于它的创新控制力，作者在调研过程中对创新控制能力如何促进产品创新的印象尤为深刻。

2. 案例企业介绍

大连机车是中国北车股份有限公司的全资子企业，始建于 1899 年，是国家重点大型企业。其主要产品如下：内燃机车、电力机车、城市轨道车辆、大功率中速柴油机和各种机车车辆配件产品。具有年产各类机车 600 台、城轨车辆 300 辆、柴油机 500 台的能力。公司占地面积 90 万平方米，现有员工 8 600 余人，资产总额 60 亿元。

新中国成立以来，大连机车先后经过六次大规模技术改造，由一个只能修理蒸汽机车的老厂，逐步发展成为能够独立设计制造具有世界先进水平机车车辆的现代化企业。1954 年，大连机车实现了蒸汽机车由修转造的历史性转变，成为中国第一个机车设计主导厂。1956 年中国第一台和平型干线蒸汽机车自行设计并制造成功，1958 年中国第一台巨龙型内燃机车自行设计制造成功，填补了中国机车工业的空白，为机车车辆工业的发展奠定了基础。1965 年，大连机车实现了由制造蒸汽机车向内燃机车的历史性转变，成为中国第一个内燃机车制造厂。1969 年东风 4 型大功率内燃机车研制成功。1974 年，大连机车批量生产东风 4 型内燃机车，结束了中国不能自行设计制造大功率内燃机车的历史。1986 年，大连机车批量制造东风 4B 型内燃机车，该车荣获国家优质工程金奖并被国家指定为替代进口产品，结束了中国大批进口机车的历史。1996 年，大连机车的东风 4D 型内燃机车研制成功并大批投放到铁路市场，成为中国铁路前五次客运大提速的主力机型。

经过几代人的不懈努力和自主创新，公司设计制造了 50 多种不同类型的机车，成为我国铁路客货运输的主型机车，总产量占全国同类产品保有量的 50%以上，覆盖我国所有铁路局，装备几十个机务段，进入电力、冶金、化工、油田、港口、矿山等大型企业和地方铁路市场，公司被国家领导人誉为"机车摇篮"。近几年大连机车的创新成果如图 3.1 所示。

近年来，大连机车紧紧抓住国家铁路装备现代化建设的历史机遇，"引进先进技术，联合设计生产，打造中国品牌"，与国外多家著名企业建立了技术合作关系，同时承担了内燃机车和电力机车两大产品的引进消化吸收和再创新项目。和谐 D3 型 7 200 千瓦大功率交流传动电力机车、和谐 N3 型 4 400 千瓦大功率交流传动内燃机车，作为铁路货运提速的主力机型，相继投入批量制造；具有完全自主知识产权的 9 600 千瓦大功率交流传动电力机车等一系列具有世界先进水平的最新产品，也将大规模装备中国铁路，为推进企业又好又快发展搭建起全新平台。

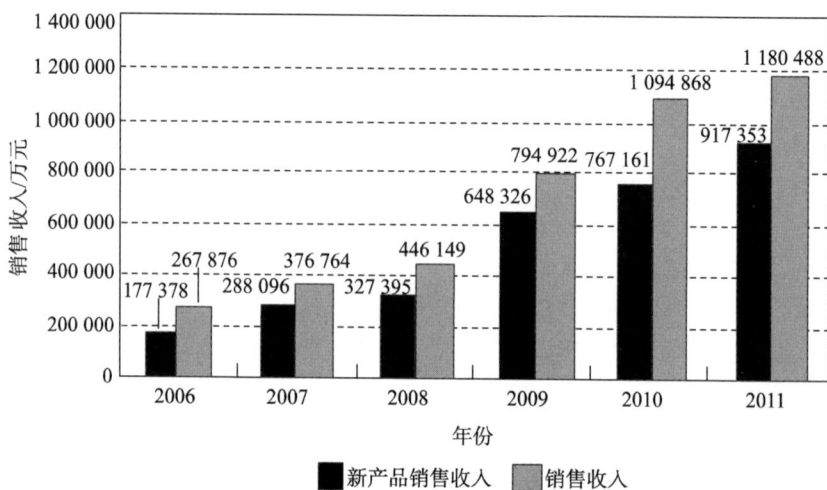

图 3.1　大连机车 2006~2011 年销售收入情况

大连机车还大力开拓城轨车辆市场，自主设计制造具有当今国内先进水平的城市快速轨道交通车辆，拉开了进军城轨地铁市场的帷幕，形成新的支柱产业。2002 年 7 月我国首列具有自主知识产权的城市轨道车辆开发研制成功。该车采用了国际最先进的变压变频调速（variable voltage variable frequency，VVVF）交流传动技术，编组为两动两拖，最大运行时速为 100 千米。快轨车在大连市城区间运营，成为一道靓丽的风景线，深受市民喜欢。2006 年年底，大连机车又承接了沈阳地铁 1 号线及延长线部分车辆的采购合同，总量达 36 辆。2010 年 9 月 1 日，大连机车又参与天津地铁项目投标并一举中标 138 辆。

柴油机是大连机车具有自主知识产权的核心技术优势。通过技术引进和自主创新，形成了 240、265、270 和 280 四大产品系列，功率覆盖 1 000~7 000 马力（1 马力=745.7 瓦）不同功率等级，主要性能指标处于国内大功率中速柴油机领先地位，技术达到国际先进水平，应用领域不断拓宽，在继续装备内燃机车的同时，向船舶市场、发电机组市场和工程机械等多个市场领域推进，2005 年以来公司已与多个企业签订了船用柴油机及其配套设备供货合同。

经过近百年的发展，大连机车的产品种类逐渐增加，产品技术的先进性及创新性均不断提升（图 3.2）。1999 年 5 月 28 日，江泽民总书记为公司百年华诞亲笔题词：“立足国内，走向世界，努力发展中国机车工业”，2002 年 6 月 11 日，时任国家副主席的胡锦涛同志视察公司时指出：“你们是百年老厂，也要办成一流机车厂。”两届国家领导人都对大连机车寄予了殷切期望，既肯定了其所取得的成绩，也为其发展指明了前进的方向。2006 年 7 月 1 日，中共中央政治局常委李长春到大连机车视察时称赞其是“‘国家队’的企业，肩负着振兴民族工业的历史重任”。

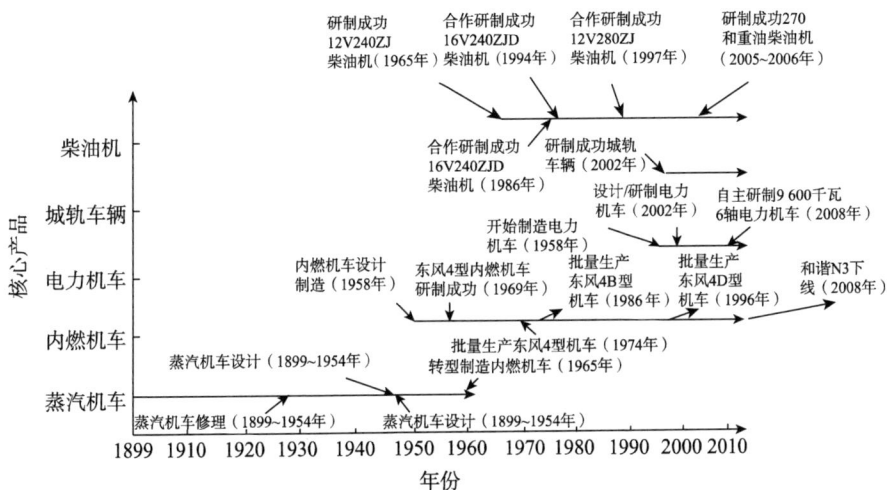

图 3.2　大连机车产品发展历程

3. 案例数据收集

　　按照 Yin（2003）的观点，基于文献分析提出理论基础作为收集案例数据的命题初始点，能够提高数据收集的效率，如果理论基础和命题切入点不清晰，则会令案例研究者迷失在大量繁杂的数据资料中而无法得出准确的结论。基于此，本书的理论基础是全球经济一体化背景下的产品创新理论、创新控制力理论，研究中国情境下的复杂产品系统集成商在不断拓展产品创新品类发展过程中，有哪些关键的具有控制力效应的创新控制力促使其创新绩效的提升。

　　Yin（1994）和其他学者（Eisenhardt，1989）建议在案例研究中遵循以下四个标准：①构念效度。检验案例研究者是否在数据收集阶段为所要研究的概念或变量建立了客观、正确、可操作的测量标准，有两种方式能够增强案例研究的构念效度，一是建立能够有效链接研究问题与研究结论的证据链，详细阐述数据收集过程（Yin，2003），二是提供不同类型的数据三角验证（Eisenhardt，1989）。②内部效度。内部效度也称为逻辑效度，检验案例研究者在数据分析阶段的推导是否符合逻辑和正确的因果关系，三种措施可增强案例研究的内部效度，一是建立清晰的研究框架，二是构建变量之间的模式匹配（Eisenhardt，1989），三是通过理论三角（theory triangulation）实现多角度论证（Yin，1994）。③外部效度。外部效度也称为概推性（Ferguson，2004），检验基于一个或少数几个案例的研究结论在多大程度上具有普遍的适用性，Eisenhardt（1989）认为可通过 4~10 个跨案例研究将研究结果概推到更广的一类案例，Yin（1994）提出同一案例内部的嵌套式多案例研究也能够提高研究结果的普适性，同时需要对研究结论的适用范围和影响因素进行界定。④信度。检验案例研究程序是否具有可复制性，即如果其他人按照同样的步骤进行研究能否得出相同的结论（Eisenhardt，1989），可通过提供建立案例研究数据库（Yin，2003）与提供案例企业真实信息（Campbell，1975）等增强案例研究的透明度。

根据以上学者的观点，作者在收集资料时遵循以下原则。

（1）采用多种数据源。作者采用实地访谈、电话访谈、实地调研、现场观察、焦点小组讨论、档案记录、文件及参考文献等多种数据收集方法。作者所在的调研团队包括1名教授、1名讲师和3名博士生，2011年1月至2012年12月，调研团队先后与大连机车的多位中高层管理人员进行了半结构化访谈，平均时间为1.5小时（访谈情况如表3.1所示）。此外，调研团队成员多次在机车总工程师和其他人员的陪同下参观生产车间，以及机车总成和维修现场，深度了解产品制造等环节，全面收集了铁道部大连机车车辆工厂志（1899~1987年）、大连机车的统计年鉴（1989~2010年）、大连机车技术创新情况汇报PPT文稿（2012年11月），以及20余份技术项目可行性研究报告等相关资料。此外，作者还借助企业网站、宣传手册、业界新闻和学术期刊等公开信息，收集并整理大连机车的二手资料。

表3.1　大连机车访谈情况

访谈日期	访谈时间	访谈对象	访谈地点
2011年1月13日	09：00~12：00	孙喜运（董事长） 张健（办公室）	大连理工大学管理与经济学部会议室
2011年3月3日	09：30~10：30	孙喜运（董事长）	大连机车会议室
	11：00~12：00	梁圣童（总工程师） 张健（办公室）	大连机车梁圣童办公室
2011年4月15日	14：00~15：30	张健（办公室）	大连机车张健办公室
2011年12月11日	13：00~13：50	胡宪哲（人事部）	电话访谈、邮件交流
2012年11月13日	13：00~16：30	刘会岩（总工程师）	大连机车会议室

注：根据实际访谈情况总结整理

（2）建立案例研究资料库。作者建立的案例研究资料库包括访谈准备阶段基于理论基础从公司网站和期刊中收集案例企业的相关公开资料、设计的案例访谈提纲，访谈过程汇总经被访人许可对访谈过程进行的现场笔录和录音，以及访谈结束后对访谈记录及录音内容的整理和分析，此外，还包括向企业索取的其他纸质资料和内部相关文档等。将上述资料进行分类整理，以备下一步数据分析使用。

3.1.2　案例数据分析

1. Rost CM 6.0 软件分析

数据分析是案例研究的核心，也是较为复杂的部分，本书使用内容分析软件Rost CM 6.0对收集的数据进行处理，Rost CM 6.0是一款基于扎根理论进行内容分析的软件，扎根理论是由 Glaser（1992）共同提出的一种质性研究方法，其主要宗旨是将原始的质性数据资料进行分解和概念化，从中提取关键概念并归纳出经验概括，然后上升到理论（韩巍，2011）。内容分析法是一种主要以各种文献、档案类资料为研究对象的研究方法，能够将非定量的文献资料转化为定量的数据，并依据这些数据对文献内容做出定量分析与关于事实的判断和推论，而且对组成文献的因素与结构的分析更为细致和程序化。内容分析法的软件有很多，如 Ucinet 分析软件、Atlas.ti 分析软件和 Rost CM 软件等，本章使用 Rost CM 6.0 软件完成探索性案例研究。Rost CM 6.0 是一款免费的大型内容分析研究性工具平台，主要功能如下：辅助各学科进行研究，协助完成文本分析和内容分析方面的研究，凡是需要分析论文、微博、博客、论坛、网页、书籍、聊天记录、电子邮件、本地文本类格式文件、数据库中各类文本字段的学科，都可以使用本软件，分析方法目前支持分词、字频统计、词频统计、聚类、分类、情感分析（含简单和复杂）、共现分析、同被引分析，依存分析、语义网络、社会网络和共现矩阵等分析方法。

　　作者根据预定的理论范围将案例数据库中资料归类为企业基本信息、产品种类及发展历程、创新控制力、创新绩效、影响因素。根据预设的研究主题，主要对创新控制力和影响因素的资料进行整理，并运用 Rost CM 6.0 软件进行分析，其他类别的资料作为辅助材料对软件分析结果进行分析。在过滤了无意义词之后，使用 Rost CM 6.0 软件中的社会网络和语义网络分析功能对资料进行分析，生成由 26 个高频主题词构成的图谱，每个节点代表高频主题词，连线表示两个主题词之间有共现关系（图 3.3）。

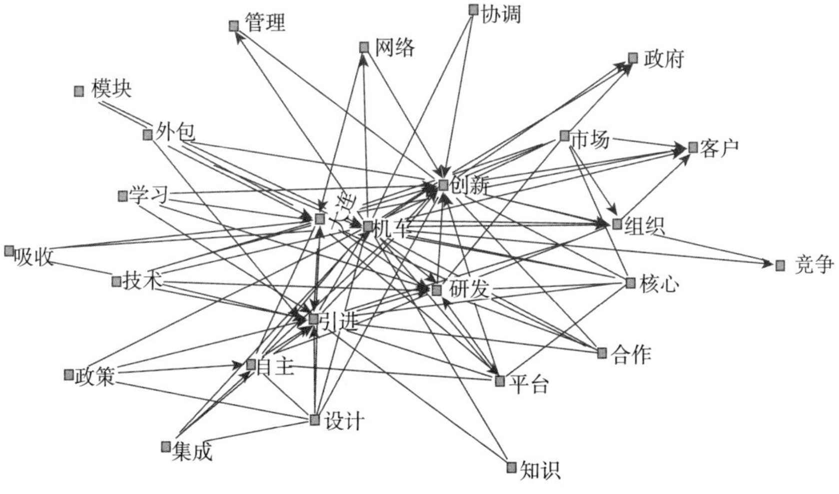

图 3.3　大连机车产品创新影响因素数据资料内容分析

从图 3.3 的分析结果可知，机车、创新、大连 3 个主题词处于图谱的中心位置，这也反映了此次案例调研以大连机车的产品创新为主题。以上述 26 个高频主题词为基础，结合案例资料根据具有高度共现和关联性的 2~5 个关键词之间的内在关系将其联结为测量题项。在不能将关键词之间关系明确表述为测量题项的情况下，通过电话或访谈的形式与大连机车的高层管理人员进行沟通，归纳出关键词之间的主要关系，并形成复杂产品系统集成商创新控制力的初级测量题项。

2. 量表设计

实证研究方法以其严谨性和规范性的优点受到众多学者的偏好，成为目前国内外主流研究的基本范式（孙继伟和巫景飞，2011），但是实证研究方法多采用国外学者开发的量表，但易脱离我国企业的实际情况（Sosa et al., 2004），无法产生基于我国管理和企业实践的建设性与指导性的理论。因此，作者根据图 3.1 析出的复杂产品系统集成商创新控制力的初级测量题项，并通过小组讨论、专家访谈和文献分析等一系列措施来修正通过案例研究得出的初级测量题项，以保证量表的合理性与适用性，修正后的策略题项作为测度本书的实际测度指标，在此基础上运用探索性因子分析法进行实证研究，提取出控制力视角下复杂产品系统集成商创新控制力的主要成分。基于上述分析原则，共形成 13 个有关复杂产品系统集成商创新控制力的观测变量。

3.2　复杂产品系统集成商创新控制力模型构建

3.2.1　实证研究准备

1. 数据获取

作者采取以下四种措施提高答卷者回答问卷的有效性：①选择在企业工作两年以上，对企业整体运作情况较为了解的中高层管理人员；②对问卷进行预测试，反复修改并完善问卷的表述语措辞，以尽量减少因问卷题项设置而难以理解或表达不清晰带来的负面影响；③在问卷卷首注明问卷的调查目的（以学术研究为目的，不涉及任何商业目的，承诺保密答题者及其所在企业的信息），以减少答题者不愿意回答或有意隐瞒真实信息的负面影响；④综合考虑问卷发放的便利性及不同地区样本的多样性，作者选择辽宁、黑龙江、天津、长春和北京五个地区发放问卷。样本企业特征如表 3.2 所示。

表 3.2 样本企业特征

样本企业特征		样本数量/份	百分比/%
企业所属区域	辽宁	41	34.7
	黑龙江	18	15.3
	天津	19	16.1
	长春	24	20.3
	北京	16	13.6
企业成立时间	5~10 年（含 10 年）	16	13.6
	10~15 年（含 15 年）	23	19.5
	15~20 年	34	28.8
	20 年以上	45	38.1
员工人数	200 人以下	12	10.2
	200~500 人（含 500 人）	48	40.7
	500~1 000 人（含 1 000 人）	41	34.7
	1 000 人以上	17	14.4
企业所属行业	机车车辆	34	28.9
	航空航天	36	30.5
	造船	28	23.7
	电子信息	20	16.9

　　本次调研于 2011 年 5 月至 6 月在大连地区的企业中进行了前测，前测阶段共发放样本 80 份，回收有效问卷 42 份，我们对回收的问卷进行了信度检验，其值均在 0.8 以上，说明问卷具有很好的信度。随后我们于 2011 年 7 月至 11 月通过实地调研、电话预约访问、校友会、熟人介绍 4 种方式大规模发放问卷，集中在辽宁、黑龙江、天津、长春和北京五个地区，共发放问卷 532 份，回收 149 份，不合格问卷 31 份，获得有效问卷 118 份，有效回收率为 22.18%，符合受试者与题项比例大于 5 : 1，且受试样本总数大于 100 的标准（Bogdan and Biklen，1992）。

　　2. 样本描述

　　本书的调查对象为企业的中高层管理者，其中性别占比分配为男性 78 人，占 66.1%，占绝大部分，女性 40 人，占 33.9%；年龄占比分配为 31~40 岁有 57 人，占 48.3%，21~30 岁有 41 人，占 34.8%，41~50 岁有 20 人，占 16.9%。样本所在地区及样本数量的占比分配如表 3.2 所示。

3.2.2　统计数据分析

根据探索性案例分析得出的 13 个有关复杂产品系统创新的观测变量形成本书调查问卷的题项，各题项均采用"内部一致性"的李克特五级量表法，1 为程度最低，即企业实际情况与题项描述情况完全不符合，5 为程度最高，即企业实际情况与题项描述情况完全符合，最终形成复杂产品系统集成商创新控制力构成因素测量的初始问卷。对问卷回收的数据使用 SPSS 11.5 进行项目分析，以及效度和信度分析，提取出构成复杂产品系统集成商创新控制力的关键因素。本书采用探索性因素分析中的主成分分析法进行因素提取，因而将效度分析置于因素提取过程中进行详细分析，然后再进行信度分析。

1. 项目分析

项目分析的主要目的是求出问卷个别题项的临界比率值（critical ratio，CR），以鉴别不同受试者对题项的反应程度。将问卷数据分为高低两组，以独立样本 t-test 检验两组在每个题项的差异，将 t 检验结果未达显著性（$\alpha>0.05$），也就是将不能鉴别受试者反应程度的题项删除。本书项目分析结果显示，所有题项中差异值的 95%的信任区间均未包含 0 在内，表明两组差异显著，且 t 检验结果均达显著（$\alpha<0.05$），表明问卷题项均能鉴别受试者的反应程度。观测变量形成本书调查问卷的题项见表 3.3。

表 3.3　观测变量及其来源情况

题项	测量题项	案例分析高频关键词	参考文献
Q1	自主设计研发创新型产品	自主；设计；研发；创新	Davies 和 Hobday（2005）
Q2	学习掌握核心技术	学习；核心；技术	Hobday 和 Rush（1999）
Q3	研发创新型产品满足客户需求	市场；研发；创新；客户	Kash 和 Rycroft（2000）
Q4	发展和维护与政府的政治关联与合作	市场；政府；合作	Davies 和 Brady（1998）
Q5	通过模块外包促进产品创新	模块；外包；创新	Davies 和 Brady（1998）
Q6	消化、吸收、学习引进的先进技术	引进；技术；学习；吸收	Hobday 和 Rush（1999）
Q7	协调与管理合作组织之间的关系	协调；管理；合作；组织	Sosa 等（2004）
Q8	积极应对市场中竞争者的竞争	市场；竞争；大连；机车	Nelson 和 Winter（1982）
Q9	形成以我为中心的网络化合作组织	网络；组织；合作	Davies 和 Brady（1998）
Q10	通过组织知识学习促进产品创新	创新；组织；知识；学习	Davies 和 Brady（2000）
Q11	整合先进技术与知识进行集成创新	技术；知识；集成；创新	Hobday（1998）
Q12	国家相关政策支持促进产品创新	政策；政府	Marceau 和 Martinez（2002）
Q13	构建平台体系自主研发	平台；研发；自主；研发	Simpson（2004）

2. 主因素提取与命名

本书采用主成分因素分析（principle factor analysis，PFA）方法，在适合做因素分析的基础上，选取特征值为 1.0 以上的共同因素，再以最大变异法进行共同因素正交旋转处理，保留因素负荷量在 0.5 以上的题项。样本的巴特球形检验（Kaiser-Meyer-Olkin，KMO）值为 0.786，超过 0.500，Barlett 的球形度检验的近似 χ^2 值为 1 025.349，显著水平小于 0.001，适合进行因素分析。从最终分析结果来看，表 3.4 中列于右边且特征值大于 1 的共 3 个因素，累计解释变异量为 52.921%，能解释变量的大部分结构，说明问卷有较高的结构效度。因此，可以认为这 3 个因素是构成复杂产品系统集成商创新控制力的主因素。

表 3.4　整体解释的变异数

成分	初始特征值			平方和负荷量抽取			转轴平方和负荷量		
	合计	方差百分比	累计百分比	合计	方差百分比	累计百分比	合计	方差百分比	累计百分比
1	5.552	32.654	32.654	5.552	32.654	32.654	3.569	20.987	20.987
2	2.105	12.378	45.033	2.105	12.378	45.033	3.365	19.788	40.774
3	1.693	9.953	54.985	1.693	9.953	54.985	2.066	12.148	52.921

为了明确各主因素的含义，对初始因素负荷矩阵采用最大方差法做正交旋转，旋转后得到的正交因素负荷矩阵，以及各题项与各主因素的相关性、各题项的共同度合并于表 3.5，表中所有题项的负荷量均大于 0.5，且题项的平均共同度为 0.642>0.6，符合标准，因素分析完成。

表 3.5　转轴后的因素矩阵与各量表信度系数

题项	成分			共同度	Cronbach's α
	1	2	3		
Q13	0.831	0.212	0.158	0.690	
Q6	0.708	0.157	0.147	0.577	
Q11	0.707	0.246	−0.214	0.659	0.850 6
Q1	0.698	0.415	−0.194	0.768	
Q2	0.634	0.181	0.324	0.693	
Q8	0.219	0.731	0.254	0.149	
Q4	0.134	0.714	0.106	0.143	
Q3	0.407	0.702	−0.107	0.113	0.792 7
Q12	−0.126	0.699	0.358	−0.259	

题项	成分			共同度	Cronbach's α
	1	2	3		
Q5	−0.125	−0.102	0.804	0.723	
Q7	0.311	−0.192	0.791	0.676	0.527 4
Q9	0.303	0.108	0.591	0.658	
Q10	0.229	0.160	0.674	0.535	

注：灰底部分表示题项之间相关性强

　　三个分量表的信度都大于 0.5（合并于表 3.5 中），且总量表的 Cronbach's α
值为 0.858 5，表明此量表的信度较好。最终共提取三个主因素，其命名及所包含的
题项如表 3.6 所示。

表 3.6　复杂产品系统集成商创新控制力探索性因素分析结果

序号	复杂产品系统集成商创新控制力维度	涵盖题项
1	核心技术控制力维度	Q1　自主设计研发创新型产品
		Q2　学习掌握核心技术
		Q6　消化、吸收、学习引进的先进技术
		Q11　整合先进技术与知识进行集成创新
		Q13　构建自身技术平台体系
2	创新网络控制力维度	Q5　通过模块外包促进产品创新
		Q7　协调与管理合作组织之间的关系
		Q9　形成以我为中心的网络化合作组织
		Q10　通过组织知识学习促进产品创新
3	市场控制力维度	Q3　研发创新型产品满足客户需求
		Q4　发展和维护与政府政治关联及合作
		Q8　积极应对市场中竞争者之间的竞争
		Q12　国家相关政策支持促进产品创新

　　"控制"常常被界定为一种能力，个体或群体依靠这种能力得以确保其他个
体或群体为达到组织目标和标准而工作（罗建原，2009）。本书从"控制力"视角
研究复杂产品系统集成商创新控制力，因此，将探索性因素分析得出的三个复杂
产品系统集成商创新控制力主成分定义为核心技术控制力维度、创新网络控制力
维度和市场控制力维度（苏敬勤和刘静，2012a）。对三个维度的阐述如下。

　　（1）核心技术控制力维度。本书从两个角度理解复杂产品系统的核心技术：
一是研发周期角度，核心技术是指企业经过较长时间积累的一组具有先进性、复
杂性且具有较大用户价值的技术和能力的集合体；二是稀缺性角度，核心技术是
具有前瞻性的重大技术，且使竞争对手难以模仿，并能为企业创造较高经济效益

和获取较大市场份额的独享技术资源（Hagedoorn，1995）。复杂产品系统是各种中间产品与零部件的系统性总成。例如，电力机车包括绝缘栅双极型晶体管（insulated gate bipolar transistor，IGBT）元件、转向架、牵引变压器、电源装置、空气制动系统和机车司机室等产品和系统。其中，制动系统软件、电源装置和转向架等属于电力机车产品的核心技术产品与部件。核心技术是一种具有竞争性、战略性和长远性的技术（Hot et al.，1996），具有自主知识产权的核心技术作为企业的核心资源，能够通过建立行业进入壁垒、降低生产成本等使企业处于价值链的有利地位而获取超额利润。

在复杂产品系统创新网络中，系统集成商作为项目驱动企业通过掌握产品创新的核心技术，形成自主知识产权，不但能够获取垄断超额利润和竞争地位，而且能够带动创新网络中各利益相关企业技术的整体发展，通过一定的技术外溢提升整个价值链整体竞争力。因此，本书认为核心技术控制力能够为复杂产品系统企业带来相对于竞争对手竞争优势的技术资源和关键创新控制力。案例资料显示，大连机车掌握和谐 D3 型电力机车用直流（direct-current，DC）110 伏电源装置和设计与制造技术，为公司在电子控制领域和大功率变流器设计、制造领域积累了丰富的经验，并将该装置的核心设计技术推广到和谐 D3B 型电力机车 DC110 伏电源装置的设计和制造中。此外，国内所有国产化的和谐 D3 型电力机车均装备大连机车生产的 DC110 伏电源装置，截至 2009 年 11 月，累计近 700 台，为公司创造了极大的经济效益。

（2）创新网络控制力维度。基于组织控制理论的观点，组织控制是企业为了实现其战略目标而必须进行的一些公司行为，这些行为可以实现资源的有效配置和使用，提高企业各次级单位的工作效率，使企业的工作按照预定的目标顺利进行（Hennart，1991）。作者将各学者对组织控制的理解，如"控制机制"（control mechanism）（Martinez et al.，2001）、"协调机制"（coordination mechanism）、"整合机制"（integration mechanism）（李春好和杜元伟，2010）或"管理机制"（management mechanism）（王苏生等，2008）统合在本书所定义的创新网络控制力维度内涵之内。复杂产品系统创新是以科学研究和技术开发为内容进行单独立项的产品创新项目，具有创新性、风险性、整体性、一次性和生命周期性等特征，因此，复杂产品系统创新需要系统集成商持续地管理、控制、协调与整合项目合作组织者之间的关系，而组织控制是确保项目主体之间相互合作、共同参与且有效率完成的基础，它决定了系统集成商能否基于权利和义务在项目任务分解、所有权分配、成果分享和各自专有技术保护等问题上实施资源配置。由此可见，系统集成商构建行之有效的创新网络控制力对保证复杂产品系统创新项目得以高质量完成是极其必要的。

案例资料显示，2009 年大连机车通过组织控制管理极大地提高了产品创新效益，采取的具体措施列举如下：①对各责任单位强化管理、严格压缩指标、落实措施，以此优化公司资产结构、提高经济效益；②在满足产品性能的前提下科学优化设计方案，多方选择供货厂商，避免独家供货，且对供货厂商实施了严格的目标成本管理；③按照国际先进质量控制标准完善公司质量管理流程，从设计源头开始，逐道工序、逐个关键岗位细化质量保证措施，加强全过程质量控制；④尽量采用模块化设计，强化零部件的通用化和标准化，缩短研发周期，减少工装设备。

（3）市场控制力维度。通过采取差异产品、技术领先产品等竞争方式，获得一定程度的市场竞争优势，并以企业产品的独特优势获得对价格、产量的决策权或者扩张市场份额的能力，称为市场控制力，这种能力能够使企业在一定程度上摆脱来自市场的一些约束条件，实现目标成果的最大化（Kamien and Schwartz，1991）。与垄断势力不同，市场控制力具有经济效益决定性，企业是否拥有市场控制力取决于企业的经济效益，也就是由产品差异竞争形成的经济效益才是企业获得市场控制力的关键（Kamien and Schwartz，1991）。虽然我国复杂产品系统制造企业多属于国有企业或中央企业，但随着经济体制的深入改革，复杂产品系统制造企业的市场控制力行为的市场化特征更加明显，即企业多采取市场调节和市场竞争手段获得对产品价值与产量的决策权。市场控制力一方面可以以其具有优势的市场扩展能力，使复杂产品系统企业形成内在的"利润激励"，另一方面又可以以有效竞争方式产生外在的"竞争威胁"。依据 Kamien 和 Schwartz（1991）的观点，同时具有"利润激励"和"竞争威胁"的市场结构条件最有利于技术创新。因此，本书认为市场控制力维度能够实现复杂产品系统企业的动态技术进步与创新。

一般来讲，复杂产品系统制造企业的市场控制力行为包括争取政府采购、预测市场需求、市场拓展行为、品牌经营行为等。大连机车的案例资料显示：①大连机车始终与原铁道部保持密切联系，细耕国铁市场，紧紧盯住原铁道部相关政策，预判适应国家铁路发展需求的适应车型，做好原铁道部的机车投标工作。例如，2008 年 2 月 18 日，大连机车与铁道部签订了 400 台和谐 D3 型电力机车采购合同，总金额近 60 亿元。该机车合同累计达到 600 台，不仅达到了近 50%的市场占有率，而且由此打开了这一车型的市场空间。与铁道部所签订的这个合同在大连机车电力机车发展史上具有历史性意义，基本确立了在电力机车领域的战略优势地位。②大连机车认真研究路内、路外市场需求，根据公司的发展战略，以市场为主导，制定相应的营销策略，开拓相应市场。③大连机车按照国务院"引进先进技术、联合设计生产、打造中国品牌"的总体要求，自主创新研发了世界单机功率最大、技术水平最高、性能指标最先进，具有自主知识产权的中国品牌大功率交流传动货运电力机车，实现了铁路技术装备水平的重大跨越。

3.2.3　研究框架

本章综合运用案例研究法和实证研究法探讨复杂产品系统集成商创新控制力的主要成分，通过对大连机车的探索性案例研究提炼出 13 个观测变量形成实证研究的量表，在此基础上通过问卷调查和探索性因子分析法提取出控制力视角下复杂产品系统集成商创新控制力的三个结构维度，即核心技术控制力维度、创新网络控制力维度和市场控制力维度。也就是说，复杂产品系统制造企业通过核心技术控制力、创新网络控制力和市场控制力影响产品创新绩效。

事实上，复杂产品系统集成商创新控制力的三个结构维度均包含不同的关键要素，且在企业的纵向发展过程中呈现出不同的演化特点。因此，理解复杂产品系统集成商的创新控制力，不但要识别出创新控制力所包含的主要结构维度，而且要从静态视角和动态视角深入理解各控制力维度。因此，本书框架拟从静态视角解析复杂产品系统创新控制力三个结构维度的关键要素，并从动态视角分析复杂产品系统创新控制力三个结构维度在企业发展过程中的演化特点，即复杂产品系统集成商创新控制力研究框架，如图 3.4 所示。

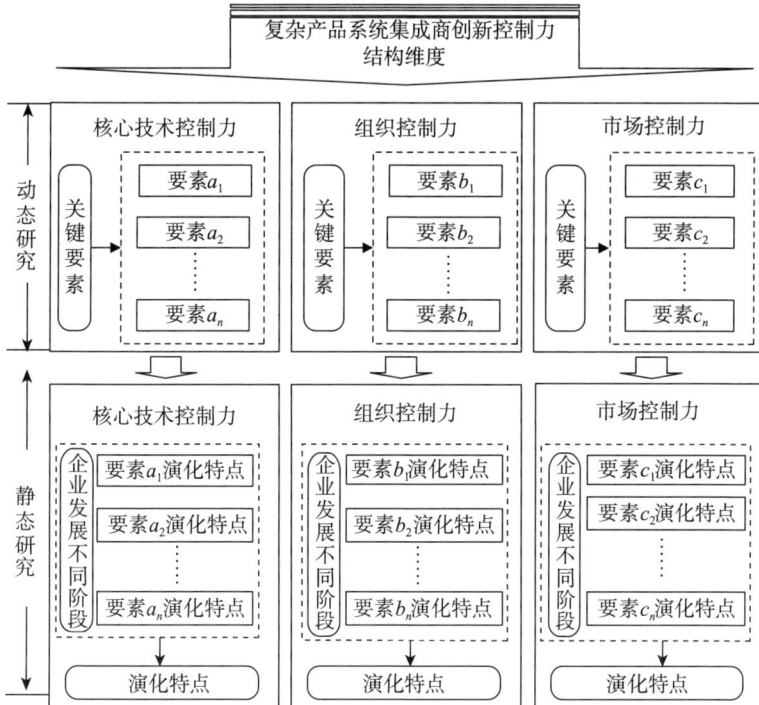

图 3.4　复杂产品系统集成商创新控制力研究框架

3.3　本章小结

　　本章运用案例与实证相结合的方法分析控制力视角下影响复杂产品系统集成商进行产品创新的创新能力，并构建本书复杂产品系统集成商创新控制力的研究框架。首先，以大连机车为研究对象，对其进行探索性案例研究，通过实地访谈、现场观察、电话访谈、实地调研、焦点小组讨论、档案记录、文件及参考文献等多种数据收集方法收集大量质性资料，在对资料进行归类整理的基础上运用 Rost CM 6.0 内容分析软件对其进行分析，得出与影响复杂产品系统集成商产品创新因素主题相关的 26 个高频关键词。根据研究主题、案例背景、文献资料及访谈内容等将关联性较强的关键词联结为测量题项，并与大连机车相关人员进行沟通修改并完善各个测量题项的准确性和严谨性，最后结合相关文献形成 13 个测量题项，以此作为后续实证研究问卷调查的基础。在此基础上，以辽宁、黑龙江、天津、长春和北京五个地区为主进行问卷调查，并运用 SPSS 11.5 对所获取的数据进行项目分析、效度分析和信度分析及主成分分析，提取出三个主成分，在参考相关文献、案例背景、研究主题的基础上，通过研究小组的讨论确定了三个主成分的构念，即核心技术控制力维度、创新网络控制力维度和市场控制力维度是控制力视角下复杂产品系统集成商创新控制力的主成分。在对三个结构维度进行解释的基础上，确定静态与动态双重研究视角，由此构建由"核心技术控制力关键要素及演化特点、创新网络控制力关键要素及其演化特点、市场控制力要素关键要素及演化特点"组成的研究框架，后续研究将以此框架为基础并针对三个控制力维度分别展开关键要素提取和演化特点分析的研究。

第 4 章　复杂产品系统创新核心技术控制力

本章主要解决"复杂产品系统创新核心技术控制力的关键要素及其演化特点"。本章的研究思路如下：静态视角下运用探索性多案例研究法，分析复杂产品系统创新核心技术控制力的关键要素，动态视角下运用验证性多案例法，对所识别的关键要素在企业发展不同阶段的演化特点进行分析。

4.1　核心技术控制力关键要素

4.1.1　研究设计

1. 多案例样本选择

本节研究的指导性问题：复杂产品系统创新的核心技术控制力的内涵？其目标是寻找核心技术控制力的结构维度。据此研究问题与研究目标，本节属于探索性研究，因此案例研究法是最适合的研究策略。作者最终选择七家企业作为案例研究对象，为提高案例研究的代表性，制定如下案例选取标准：第一，行业分散性和可对比性。所选案例企业为复杂产品系统制造企业，且所选企业所在行业包括机车、造船、工程机械和飞机等多个子行业。第二，所选案例企业为复杂产品系统集成商，能够组织和管理其他供应商、配套商进行产品研发与生产。第三，所选案例企业成立时间在十年以上，且能够进行高效产品创新。根据以上标准，作者选择七家企业进行研究。因案例研究中涉及一些敏感性的问题（如核心技术的获取等），故在被访企业的要求下隐去公司名字，改用代码代替。关于案例企业的基本情况，如表 4.1 所示。

表 4.1　案例企业基本情况列表

企业名称	所属行业	主营产品	地理位置	访谈对象与时间
DJ 公司	机车行业	内燃机车、电力机车、城轨车辆、柴油机等	大连	对董事长访谈 3 小时、对技术总工程师访谈 1.5 小时、对总经理访谈 3.5 小时

续表

企业名称	所属行业	主营产品	地理位置	访谈对象与时间
DC 公司	造船行业	常规散货船、油船、集装箱船、大型液化天然气船（liquefied natural gas，LNG）等	大连	对技术部负责人访谈 1.5 小时、对研发部负责人访谈 1 小时
SQ 公司	汽轮机行业	火电汽轮机、核电汽轮机、重型燃气轮机等	上海	对技术部负责人访谈 2 小时对设计部负责人访谈 1.5 小时
XK 公司	工程机械行业	压实机械、铲运机械、路面机械、拌合机械	徐州	对技术部负责人访谈 1 小时、对人力资源部人员访谈 1.5 小时
DH 公司	工程机械行业	冶金机械、起重机械、港口机械、散料装卸机械等	大连	对技术部负责人访谈 1.5 小时、对生产部负责人访谈 1 小时
SF 公司	飞机制造	歼击机	沈阳	对技术部负责人访谈 1.5 小时、对研发部负责人访谈 2 小时
SY 公司	机械制造	煤炭掘进设备、采煤设备等	沈阳	对技术部两名员工各访谈 1 小时、对生产部员工访谈 0.5 小时、对研发部负责人访谈 40 分钟

注：因案例研究中涉及一些机密问题（如核心技术的获取），故隐去公司名字，改用代码代替

（1）DJ 公司。DJ 公司成立于 1899 年，是国家重点大型企业，主要产品有内燃机车、电力机车、城市轨道车辆、大功率中速柴油机和各种机车车辆配件产品；并修理（改造）内燃机车。具有年产各类机车 600 台、城轨车辆 300 辆、柴油机 500 台的能力。经过几代人的不懈努力和自主创新，DJ 公司设计制造了 50 多种不同类型的机车，成为我国铁路客货运输的主型机车，总产量占全国同类产品保有量的 50% 以上，覆盖我国所有铁路局，装备几十个机务段，进入电力、冶金、化工、油田、港口与矿山等大型企业和地方铁路市场。DJ 公司被国家领导人誉为"机车摇篮"。公司一直秉承"技术立企，质量取胜"的企业经营管理方针。1994 年 DJ 公司被定为国家级企业技术中心，拥有企业博士后科研工作站。公司每年都投入大量的资金用于科技开发和引进关键技术及试验装备，科技开发费用占销售收入的比重一直保持在 3% 以上。在公司近 3 000 名专业技术人员中，从事新产品开发的工程技术人员占三分之一，其中高级设计人才达 300 人，成为公司不断提升产品设计水平和技术创新控制力的人才保证。在注重自主研发的同时，DJ 公司还十分注重与国际先进企业之间的技术合作和交流，先后与英国里卡多公司、美国通用电气公司、德国西门子公司、美国西南研究院、德国福伊特公司等世界知名企业开展技术合作，经过多年发展，DJ 公司逐步形成了企业自身的技术开发体系，综合技术实力在国内机车车辆一直居于领先水平。

（2）DC 公司。DC 公司是目前国内唯一有能力提供产品研发、设计、建造、维修、改装、拆解等全生命周期服务的船舶企业集团，也是国内唯一汇聚军工、造船、海洋工程装备、修/拆船和重工五大业务板块的装备制造企业集团。DC 公司资产总额

近 1 000 亿元，年销售收入超过 200 亿元。DC 公司造船基础设施完备，设计研发和生产建造实力雄厚，可以承担从千吨级渔船到 30 万吨级超大型油轮，从常规散货船、油船到万箱级集装箱船、大型 LNG 船等各吨级、各种类船舶的设计建造任务。DC 公司是中国首家跻身全球造船企业前五强的世界著名造船企业，被誉为"中国造船业的旗舰"。DC 公司是中国首家具有自升式钻井平台自主知识产权和总承包业绩的海洋工程装备制造企业。从浅海区的 50 英尺（1 英尺=0.340 8 米）、300 英尺、350 英尺及 400 英尺自升式平台，到 Ocean Rig 的 Bingo 9000 型、F&G 的 9500 型、Bassoe Technology 的 BT 3500 型深海半潜式平台，以及海上浮式生产储油船（floating production storage and offloading vessel，FPSO）、海洋综合检测船、海洋工程辅助船等，DC 公司可以为客户提供各类海洋工程装备的建造和改装服务。

（3）SQ 公司。SQ 公司以设计、制造火电汽轮机、核电汽轮机和重型燃气轮机为主，兼产船用汽轮机、风机等其他动力机械，产品出口到巴基斯坦、伊朗、土耳其、缅甸、印度和印度尼西亚等国。从 1953 年至今，公司经历了三个发展阶段：①20 世纪 50 年代诞生了中国第一台汽轮机；②80 年代制造了中国第一台引进型 30 万千瓦汽轮机；③合资合作、快速发展，成为汽轮机行业产量世界第一的一家大型企业。多年来不断创新，自主研发，逐步改进优化，为适应市场需求，开发了完善的 300 兆瓦等级系列机组（包括 300 兆瓦、330 兆瓦、350 兆瓦等功率等级），涵盖不同参数［（亚临界、超临界）、不同功能（纯凝汽、一次抽汽、两次抽汽）、不同冷却方式（湿冷、空冷）、不同的汽轮机型式（冲动式、反动式）、不同的转速（3 000 转/分、3 600 转/分），可以满足不同用户的需求］。公司创造的"十五项第一"矗立了十五座里程碑，汽轮机从单机容量 6 000 千瓦发展到 100 万千瓦，提升 166 倍，在行业中占据领先地位。

（4）XK 公司。XK 公司是集压实机械、铲运机械、路面机械、拌和机械等工程机械的开发、制造与销售为一体的专业公司。作为行业龙头，公司秉承"担大任，行大道，成大器"的核心价值观，不仅在规模、增速上走在最前面，更在以产品、技术、创新等为代表的核心竞争力体系构建上，走在全球行业的最高端。XK 公司是全球最大的大吨位装载机制造商，已建成全球最大的大吨位装载机智能化制造产业基地。XK 公司在工程机械研发方面拥有一支高水平的技术队伍，拥有工程技术人员 700 余人，具有独自承担国家"863"项目、国家火炬项目等高新技术科研项目的能力。XK 公司依托集团国家级技术中心、博士后工作站及自身研究与开发体系，设计开发出多种具有国际先进水平的高新技术产品。2010 年，XK 公司推出的国内首款智能型步履式挖掘机荣获国家科技进步奖二等奖、第四代路面机械荣获"2010 中国工程机械年度产品 TOP50"最具含金量的"金手指"奖、中国机械工业科学技术奖二等奖，国内最大吨位 LW1200K 轮式装载机荣获"2010 中国工程机械年度产品 TOP50 技术创新金奖"，这些高端技术产品的成功研制，显示出 XK 公司强大的科研实力和创新控制力。

（5）DH 公司。DH 公司是国家重机行业的大型重点骨干企业和新能源设备制造重点企业，主要为能源、矿山、港口、冶金、造船、航空航天等国民经济基础产业提供成套技术装备、高新技术产品和服务，现已形成冶金机械、起重机械、港口机械、散料装卸机械四大类传统主导产品和兆瓦级风力发电核心部件、大型船用曲轴、核电站用起重设备、隧道掘进设备、大型高端铸锻件五大成长型产品。DH 公司具备重大技术装备自主研发和机电液一体化设计、制造、安装、调试及总承包能力，建有国家级技术中心、德国研发中心、博士后工作站和 4 个研究所、3 个实验室；拥有 15 个国家和省、市名牌产品。企业产品荣获国家、省、市科技进步奖等各类奖项 170 余项，并拥有国家授权的发明和实用型专利 300 余项，创造了近 200 个中国"第一"。

（6）SF 公司。SF 公司是以航空产品制造为核心主业，集科研、生产、试验、试飞为一体的大型现代化飞机制造企业，是中国重要歼击机研制生产基地。成立 50 多年来，SF 公司共研制多种型号数千架歼击机，创造了中国航空史上一个又一个第一，为中国航空武器装备的发展做出了重大贡献，被誉为"中国歼击机的摇篮"。SF 公司具备强大的飞机装配和系统集成能力；拥有国际先进水平的飞机装配、整机试验、可靠性试验、飞行试验的技术及设备和先进完整的航空产品制造生产线；具有强大的数控加工、计算机网络及软件开发能力；特别是在钛合金机械加工、大型复杂结构件的数控加工、复合材料加工等方面处于国内领先地位；拥有各种大、中、小规格种类配套齐全的通用及专用设备 8 000 余台，其中数控设备 200 余台；在金属切削加工、钣金成型、焊接、复合材料加工及飞机装配等方面具有很强的能力；在钛合金切削加工、成型、焊接、热处理方面，以及产品的环境试验方面具有国际先进水平；初步形成了数字化设计制造能力，并在数字化并行设计、全数字化协调、数控加工、数字化装配与检测、工装数字化设计和制造等方面积累了比较丰富的实践经验。SF 公司具备各类干线、支线飞机大部件制造能力，具备通用飞机和民用产品研制能力，拥有各类近百条飞机制造特种工艺专业生产线。

（7）SY 公司。SY 集团公司始创于 1989 年，属于以"工程"为主题的机械装备制造业，目前已全面进入工程机械制造领域。主导产品为混凝土机械、筑路机械、挖掘机械、桩工机械、起重机械、非开挖施工设备、港口机械、风电设备等全系列产品。其中混凝土机械、桩工机械、履带起重机械为国内第一品牌，混凝土泵车全面取代进口，国内市场占有率达 57%，为国内首位，且连续多年产销量居全球第一。SY 公司秉承"品质改变世界"的经营理念，将销售收入的 5%~7% 用于研发，致力于将产品升级换代至世界一流水准。拥有国家级技术开发中心和博士后流动工作站，目前共申请中国专利 5 263 件，海外专利 108 件；已获授权专利国内 3 022 件，海外 15 件。SY 公司两次荣获国家科技奖进步奖二等奖，其中 SY 公司技术创新平台荣获 2010 年度国家科技进步奖二等奖。

2. 案例资料收集

为了提高案例研究的信度和效度，作者基于三角验证原则，通过一手资料和二手资料收集数据，共整理出 10 万字的原始资料。二手资料的收集方法主要包括以下几点：①已发表的关于复杂产品系统的主要文章，以及从行业或者专题材料中选取的文章，主要在海运日报、龙的船人、CNKI 等网站以复杂产品系统为主题进行搜索；②在国家自然科学基金委员会认定的 A 类和 B 类期刊中以复杂产品系统为主题词进行检索，对所搜集的文章进行深入研究和分析；③商学院案例库，如 DJ 公司被大连理工大学中国管理案例共享中心（China Management Case-Sharing Center，CMCC）案例共享中心选为教学案例。在数据收集过程中，作者对所选资料进行反复审查，以交叉检验资料的可靠性并确保所有案例分析具有一致的结构和质量。

一手资料的数据收集过程如下：作者所在课题组分别对所选案例企业进行实地调研，对每一个企业主要以实地观察和半结构化访谈的方式收集资料，访谈对象包括企业的中高层管理人员、技术人员、研发部人员和生产部人员。访谈形式包括两种：①多对一式访谈。因为我们所访谈的对象均为企业的中高层管理人员，为节省被访人员的时间，作者所在的课题组在对企业进行访谈过程中对企业相关人员进行逐一访谈，虽然这种访谈方式有利于通过直接追问式问答深入挖掘信息，但也容易造成由于单一被访者的信息疏漏所带来的偏差。②多对多式访谈。作者所在课题组成员与调查企业的所有被访对象进行交谈，对于我们在访谈中提出的每一个问题，多位被访者能够从不同的角度进行回答从而提供多元化的信息，使我们能够更全面地理解所研究的问题，但同时人员多且时间有限的关系使被访对象不能对每个问题都非常深入地阐述其观点。具体资料收集路径如表 4.1 所示。

4.1.2 数据分析

为了深入探析复杂产品系统集成商的核心技术控制力的关键构成要素，作者用扎根理论对所搜集的资料进行编码分析，自下而上建立理论。扎根理论的要旨在于遵循科学的逻辑，通过归纳、演绎等分析方法，层层抽取关键概念及其关系，并最终发展成理论。根据扎根理论的分析方法，本书通过开放式编码、轴心式编码和选择式编码深入挖掘资料的范畴，识别范畴的性质及范畴之间的关系。

1. 开放式编码

开放式编码是界定资料分析中所发现的概念及其属性、范畴的过程。这一编码过程中由作者与两位博士生担任编码员，同一份资料均由三位编码员进行归类，以求出相互判断同意度（interjudge agreement）。由研究者对编码员进行指导，介绍研究目的和研究主题，同时向编码员介绍内容分析法的基本概念及编码注意事项。研究者从所有资料中随机抽取四份资料作为前测样本，由三位编码员按照编码说明依次进行编码，将三位编码员所得的前测编码结果依据 Holsti 提出的内容分析法相互同意度及信度公式进行计算（Strauss and Corbin，1990），公式如下：

$$R = \frac{n \times \overline{K}}{1 + (n-1) \times \overline{K}}, \quad \overline{K} = \frac{2\sum\limits_{i=1}^{n}\sum\limits_{j=1}^{n} K_{ij}}{n \times (n-1)} (i \neq j), \quad K_{ij} = \frac{2M}{N_i + N_j}$$

其中，R 为分析者的信度；n 为参与分析人员的数量；$\overline{K}$ 为分析人员平均相互同意度；K_{ij} 为分析人员 i 与分析人员 j 相互判断同意度；M 为分析人员 i 与分析人员 j 意见一致的项数；N_i 为分析人员 i 做出分析的总项数；N_j 为分析人员 j 做出分析的总项数。

内容分析平均相互同意度为 $\overline{K} = \frac{0.763 + 0.827 + 0.911}{3} \approx 0.834$，分析者信度为 $R = \frac{3 \times 0.833}{1 + 2 \times 0.833} \approx 0.937$，信度的计算结果比一般要求的 0.8 高，显示三位编码员归类的一致性较高，可正式进行编码工作（表 4.2）。

表 4.2　三位编码员编码的相互判断同意度

编码员	编码员 1	编码员 2	编码员 3
编码员 1	1	0.763	0.911
编码员 2		1	1.827
编码员 3			1

通过开放式编码，从资料中抽取出科研预判、立项周期、业务相关性、技术体系、非全盘引进、技术储备、组合集成、柔性平台、市场培育、以我为主等 159 个概念，再对这些概念做进一步的比较，按照其相互间的逻辑关系将其归纳整理为 24 个范畴。表 4.3 是开放式编码的几个示例。

表 4.3　开放式编码示例

典型引用	初始范畴
我们会报每年的科研项目，报到司里。例如，我们现在想，窄轨这块，东南亚这块，需要窄轨，窄轨的车我原来没搞过，那么我们会把这个项目报到司里，2011 年就要研究窄轨的转向架，这是提前的立项（DJ 公司，刘总）	科研预判
20 世纪 90 年代在接到某电厂的 1#325 兆瓦火电机组和巴基斯坦木扎法戈电厂的 4#320 兆瓦火电机组订单时，我们厂还没有相关业绩，有些技术难题还需要攻关。当时企业已经和美国西屋达成引进技术的协议，所以企业送去美国培训的技术人员，是带着实际设计项目去学习的。当然他们的这个边学边干的项目，应该算"地下活动"（SQ 公司，工程师）	非全盘引进
......	......

续表

典型引用	初始范畴
1997 年，我们技术储备，与美国引进的 GE 的 ND5，当时这个技术落在大连厂，包括微机系统也在做国产化，当这些技术我们干了四台车，东风 6 之后，一直在车上运用，在考核，当 1997 年铁道部说，我要提速了，我要这车，功率还要大，还要加一些新的控制系统，还得稳定，我们就直接把这技术拿出来，再结合一些其他的一些原来固有的技术，很快，用了半年时间，就交车了（DJ 公司，刘总）	技术储备
……	……
XK 公司十分重视对外产学研的技术合作，先后与清华大学、吉林大学、东南大学、长安大学等一批知名高校合作完成一系列研发项目，提升了企业整体技术水平和研发能力，技术实力的提升必将为客户带来更加舒适的、人性化的操作体验（XK 公司，官方网站）	资源整合
我们不是从零开始，不是盲目的全盘接受，而是坚持以我为主，在既有基础上前行（Q 公司，产品设计部负责人）	以我为主
……	……

2. 轴心式编码

轴心式编码主要是发现和寻找范畴直接的逻辑关联。根据 Strauss 和 Corbin（1990）的观点，本书采取"互动-因果"的编码原则寻找若干初始范畴直接的内在关联，其中"互动"是指研究对象在某一环境或情境下所做出的策略性或例行性行动；"结果"是指前述行动所带来的后果。例如，开放式编码中形成的"科研立项"、"技术储备"和"立项周期"等初始范畴，可以在范式模型下整合为一条"轴线"：复杂产品系统的生产周期与普通大规模制造产品相比开发周期比较长，因此复杂产品系统集成商要想生产满足客户需求的产品，需要对技术发展及市场环境等因素进行判断，并通过科研立项进行技术开发。因此，这几个范畴被重新整合纳入一个主范畴——前瞻性技术研发，成为说明该主范畴的副范畴。

通过对已有范畴的分析并辅以更多的原始资料挖掘和对比，作者对初始范畴进行了二次编码并根据以上思路对范畴间的关系进行探索，直至初始范畴全部饱和。最终，将 24 个副范畴归纳到 7 个主范畴当中，名称及示例见表 4.3。

3. 选择式编码

选择式编码主要是选择核心范畴，核心范畴是结合原始资料记录对主范畴的概念化和理论化。其中，"前瞻性技术研发"是指根据所搜集的信息对未来市场的需求进行判断，从而基于未来市场需求进行专项或某领域的技术开发工作，这种技术开发既可以基于企业自身已有的技术储备和技术体系，同时也可以通过全新的基础性研究开发新的技术储备，依据这些技术做了 4 台车，也一直在东风 6 车运行中进行考核。1997 年铁道部提出需要大功率车型，并全面提速。DJ 公司直接把所学习的技术拿出来，再结合一些其他的固有技术，很快用了半年的时间就交车了。"模块化平台搭建"是指产品被分解成许多独立的功能模块，同一功能模块内部也存在多个相互独立的子模块，复杂产品系统则在这些具有耦合功能模块平台基础上组合而成。"移植式平台界面"是指企业内部不同类别的产品之间具有技术黏性，因此某类产品技术平台中的技术架构、技术体系可以转移到其他类别产品的开发与研制中，从而使不同类别的产品平台之间具有相互移植性和互惠性。例如，DJ 公司在内燃机车领域积累的技术优势，完全可以"移植"到电力机车上来。2002 年 9 月，DJ 公司融入了内燃机车的设计理念和方法，同大同电力机车公司联合开发成功适应铁路大提速的"SS7E"型电力机车，通过对成熟电力机车产品的模仿和合作开发，DJ 公司初步掌握了电力机车的设计理念和方法，形成了自己的电力机车产品平台。这三个主范畴反映了企业从不同角度搭建企业平台体系，从而形成了"研发一代、研制一代、生产一代"的耦合循环模式，因此本书将上述三个主范畴归入"技术体系平台"这一核心范畴中。该范畴的内涵是企业通过前瞻性技术研发、搭建模块化平台及移植互惠式平台界面使企业的技术平台实现体系化管理。

　　主范畴"以我为主的产品概念开发"是指由复杂产品系统集成商提出产品概念，确定产品设计过程中的技术参数与各项指标，并依据产品概念开发过程中提出的各项要求寻找合适的合作方。因为产品开发过程以产品概念为起点，而产品概念不仅仅是技术的，必须是以满足市场需求为前提的产品概念设计，集成商之所以要坚持以我为主式的产品概念开发，目的就是掌握产品开发过程中的主动权和自主知识产权。"以我为主的产品生产管理"是指复杂产品系统集成商不但要以技术系统平台为基础进行产品生产，而且要有效地组织与各供应商和客户之间的合作。例如，DJ 公司的一位项目负责人说，"我们产品的很多模块是外包给合作伙伴的，如果某个供应商供货出现延迟，会影响到其他模块的集成联调，最终导致整个产品的开发周期被延误，因此我们在选择供应商时是需要对他们的能力进行评估的，而且还会通过合同体系和各种激励措施协调与管理各模块集成创新的过程"。这两个主范畴反映了复杂产品系统集成商产品开发过程中坚持以我为主的管理理念及战略定位，因此本书将这两个主范畴归入"自主产品价值"这一核心范畴，其内涵是指复杂产品系统集成商依据其对市场信息的了解及客户需求价值的把握设计产品概念，并依据产品技术参数及技术指标的不同要求组织和管理不同的项目合作者进行产品生产，整个产品开发及生产过程由系统集成商为主导进行项目管理。

　　主范畴"基于先进技术的学习"主要是指复杂产品系统集成商在产品开发过程中学习国外先进技术，虽然我国复杂产品系统制造企业在产品生产与创新方面也取得了巨大的成绩，但与国外发达国家的一些老牌企业相比在技术先进性方面仍然存在较大差距，因此，在产品发展过程中仍以引进并学习国外先进技术为主。例如，

SQ 公司的技术学习主要有三个途径，包括对西门子技术的学习支撑了从 2003 年以来的高端产品研制，对西屋技术的学习使其具备再创新控制力，以及对前苏联、捷克的冲动式技术的学习成为企业技术组织结构中的基本支撑。"基于国内外资源的整合"是指复杂产品系统集成商对不同来源、不同层次、不同结构、不同内容的资源进行选择、配置、激活和有机融合，使各种资源能够在产品开发过程中实现系统性和价值性的整合。例如，XK 公司通过产学研技术合作途径进行资源整合，先后与清华大学、吉林大学、东南大学、长安大学等一批知名高校合作完成一系列研发项目，提升了企业整体技术水平和研发能力。这两个主范畴主要反映了复杂产品系统集成商组合集成式的资源开发路径，正如在访谈过程中 DJ 公司一位老总所提到的，现在的市场环境已经把这几个企业拉到同一水平线上，拼的是组合集成能力，怎么尽快地应对市场，比速度，比对技术的理解，消化吸收的程度，出现问题，能否尽快解决，没有哪一个产品，是我们公司能研究出来而其他的公司研究不出来，主要看谁能更快地应对市场。因此，我们将这两个主范畴归入核心范畴"组合集成能力"，其内涵是复杂产品系统集成商在复杂多变的市场环境下能够通过识别、吸收内外部资源，并通过组合、集成等快速途径将其转化为组织资源并加以利用，使之成为企业应对市场需求快速变化的持续竞争优势。

在此基础上，通过对几个范畴的关系和基本逻辑进一步分析，可以将选择式编码得到的核心范畴表述为"复杂产品系统集成商在以我为主的产品价值主张战略理念指导下，基于自身所积累并构建的技术体系平台，并通过组合集成内外部资源实现产品的开发与创新"（图 4.1）。

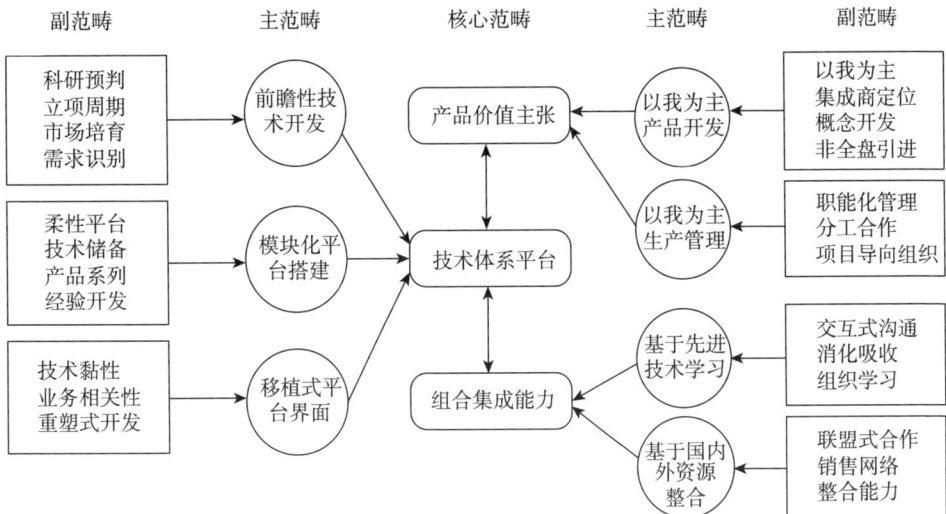

图 4.1 复杂产品系统制造企业核心技术控制力编码过程与编码结果

图 4.1 对本章的数据编码过程与最终的编码结果进行了总结，中间部分即为核心范畴所表述的逻辑关系。上述研究结果涌现自所选具体的案例资料，且与案例的实际情况具有密切的内在关系，各范畴之间及核心范畴之间的内在关联均可依据案例的实际情况得到不同的"故事线"。

4.1.3 关键要素

通过探索性多案例研究法对复杂产品系统集成商的核心技术控制力进行分析，在对资料的编码与分析过程中涌现出构成复杂产品系统创新核心技术控制力的三个关键要素和七个子要素：第一个关键要素是自主产品价值，内涵包括以我为主的产品概念开发和以我为主的产品生产管理；第二个关键要素是技术体系平台，内涵包括前瞻性技术研发、模块化平台搭建和移植式平台界面；第三个关键要素是组合集成创新，内涵包括基于先进技术的学习和基于国内外资源的整合（苏敬勤和刘静，2012b；苏敬勤和刘静，2013b）。

1. 自主产品价值

价值主张并不是一个全新的概念，已有研究从两个角度对价值主张的内涵进行了解释：一种是基于客户视角的解释，即客户从产品或服务中所获得的实际效用的清晰陈述，主要是指价值内容；另一种是基于企业视角的解释，即企业如何创造或挖掘价值的清晰表达，既包括价值内容也包括目标顾客（Storey and Tether，1998）。本书主要从企业角度理解价值主张，即复杂产品系统集成商如何传递产品价值。复杂产品系统的产品开发需求来源于市场需求研究与客户订单，企业要保证在行业内的竞争力及产品开发项目中的主导地位必须紧随市场需求变化，争取更多订单。系统集成商根据客户的使用用途、使用条件等确定产品的功能与特殊性能需求及技术要求，如产品功能、使用条件、主要技术参数、关键件型号材料限制、外购件供应商等。复杂产品系统不同于日常消费品，不是先产后销，而是先销后产，在生产管理中，项目组织以订单为源头，以产品概念为指导，因此基于市场需求识别获取订单、基于产品概念设计组织生产是系统集成商实现自主开发控制核心技术的先决条件。基于以上研究，本书通过编码分析得出自主产品价值，在解释复杂产品系统集成商如何传递产品价值的同时，强调以我为中心的自主定位。价值传递的载体包括产品概念的设计及产品实体的生产，因此将自主价值主张分为"以我为主的概念设计"和"以我为主的生产管理"两个范畴。

2. 技术体系平台

复杂产品系统是技术密集性非常高的大型产品、系统或基础设施，因此要求

系统集成商具有高技术、多样化的平台。这种产品属性使其技术平台具有一定的
体系特性，即由多级别产品类别间的技术相关性构成统一的技术平台体系，且具
有循环接续性（图 4.2）。从图 4.2 中可以看出，复杂产品系统创新技术体系平台
的多层级性：首先是一级产品类别间技术相关性，产品 A 和产品 B 虽不属于同一
类别的产品，但是产品之间的技术相关性使其平台可以相互移植使用；其次是二
级产品类别间的相关性，产品 A1 和产品 A2 之间一级产品 A1 子类别产品之间均
具有相关性。由多级别的产品类别之间的技术相关性构成统一的技术体系平台。
此外，从图 4.2 中也可以看出，每一类别的产品均有已开发产品、在开发产品和
待开发产品研发一代、研制一代、生产一代的循环体系，这是构成复杂产品系统
创新技术平台的重要方面。因此，我们将技术体系平台分为"前瞻性技术研发"、
"模块化平台搭建"及"移植式平台界面"三个类别，其中前瞻性技术研发能够
支撑研发一代的技术体系，模块化平台搭建可支撑生产一代的技术体系，而移植
式平台界面能够为研制一代的产品提供技术保障。

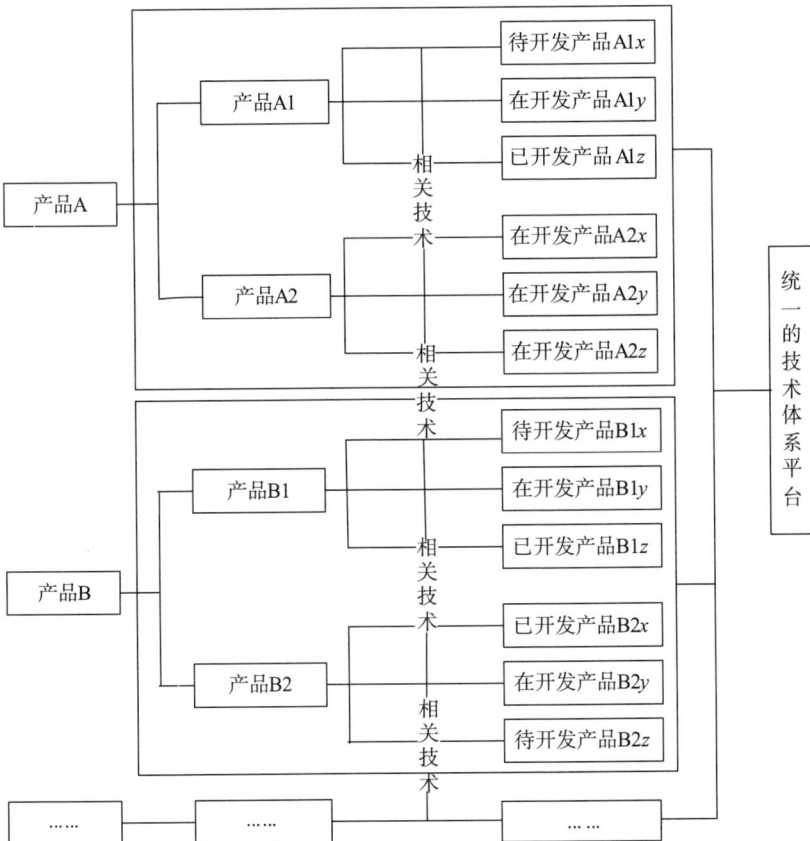

图 4.2　复杂产品系统创新技术体系平台

3. 组合集成创新

集成能力并不是一个新的概念，已有研究已对集成创新、技术集成等进行了广泛的研究。技术集成可理解为基于产品概念从企业内部和外部各种技术中挑选出最适合的技术，并通过研究、开发与制造形成有市场竞争力的新产品或新兴产业（David，1985），具有累积性、持续性和路径依赖性的特点（Metcalfe，1998），任何一种产品创新都不可能完全脱离企业内部技术，利用已有内部技术或对内部技术开发是实现企业对集成创新过程进行控制的基础。而组合集成能力之所以能够成为复杂产品系统创新的一个核心范畴也是因为复杂产品系统开发已被嵌入日趋复杂的全球化网络制造环境中，系统集成商可在全球范围内选择并引进产品开发所需的技术，各种技术相互依赖的本质强化了系统集成商的控制角色，一方面需要集成商有效协调和控制技术集成的过程，管理项目各个独立组织之间的并行工程，另一方面，系统集成商需要通过掌握各模块的一些关键技术、信息、接口技术、运行原理，实现对整个项目和核心技术的控制。因此，我们将组合集成创新分为"基于先进技术的学习"和"基于国内外资源的整合"两个类别。

4.2 核心技术控制力演化特点

4.2.1 研究设计

1. 复杂产品系统创新核心技术控制力演化理论框架

企业进化理论认为企业具有自己的生命周期，先后经历初创、成长、成熟和死亡等阶段（Dosi and Nelson，1994），产品创新和技术创新具有明显的企业生命周期特征，企业初创期通常以低成本的产品创新进入市场，进入成长期和成熟期才以较高投入的技术创新获取竞争优势（Amir-aslani and Negassi，2006），基于技术视角的企业观将企业视为由技术存量与增量所构成的知识演化系统（Iansiti，1995），企业进行产品创新的实质就是技术知识的遗传、变异与选择的演化过程。由此，我们可以利用演化分析法构建核心技术控制力演化的分析框架。

技术体系平台通过遗传机制对核心技术控制力的演化过程产生影响，使企业掌握的核心技术范围保持相对稳定并实现刚性传递。"遗传"是保持相对稳定并实现传递的基本演化单元，路径依赖作为遗传机制的主导形式（Adner and Levinthal，2001）对核心技术控制力演化过程的影响作用主要表现为以下几点：一是路径依赖是核心技术选择具有持久性的形成要素，与效率无关；二是企业已有的工艺设备和研发团队无法持续性满足不断变化的个性化客户需求,以及技术革新的变化,企业已掌握的技术知识在新产品开发过程中暴露出不足;三是新产品开发和新技术获取所需要的较高成本导致企业继续使用现有的产品平台开发产品。因此,复杂产品系统企业核心技术控制力的遗传演化机制的主导因素是技术体系平台。

演化经济学认为,创新能够使遗传基因变异,展现出新奇性特征,集成创新通过变异机制使核心技术控制力在演化过程中呈现出一定程度的柔性特征。集成创新强调选择外部技术,与自主开发的技术进行产品系统层次上的整合,形成新的产品平台,从而完成产品创新与企业产品平台的升级。集成创新通过以下途径影响核心技术控制力的演化过程:一是企业内部技术的自主开发;二是外部技术的获取;三是基于产品概念的内外部技术整合;四是基于新产品开发项目管理的组织结构调整。因此,复杂产品系统企业核心技术控制力的变异演化机制由集成创新要素驱动。

企业通过自主开发战略决定新产品的类型和概念设计,以及产品开发所需掌握的核心技术,这是选择机制所发挥的作用,根据遗传因子对变异进行差别性消除或筛选。新的产品类型需要完全展示其满足客户需求的意义,当基于概念设计的技术集成越过某个不稳定阈值时,自增强机制将使创新进入快速阶段(Miles,1979),在演变成企业内部技术后会呈现出知识和行为的惯例化。新的技术最终能够被企业所用,其根本原因在于企业认为新的技术满足其产品开发的目标,且能匹配其产品平台,并实现最优的集成创新效果。因此,复杂产品系统企业核心技术控制力的选择演化机制主要受自主产品价值主张战略的影响。

基于对复杂产品系统创新核心技术控制力的理解,以演化分析法中的遗传、变异和选择三种机制为理论基础,以产品价值主张、技术体系平台和集成创新为基本维度,构建复杂产品系统创新核心技术控制力的动态演化模型,如图 4.3 所示。

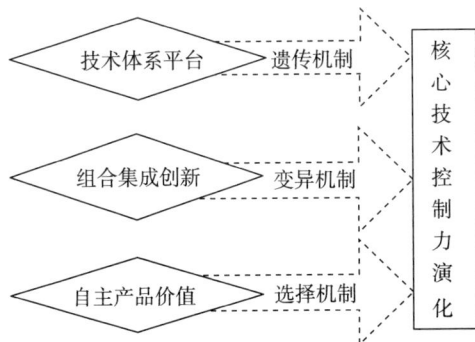

图 4.3　复杂产品系统创新核心技术控制力的动态演化模型

2. 验证性多案例研究

本书采用一主多辅的多案例研究法,对主案例进行纵向研究有利于更为清晰地观察事物发展的过程及其背后的规律,辅之多案例验证,能够使研究结论具有更好的普遍性(Hunt and Morgan, 1995)。本小节仍选择大连机车作为主要案例,运用扎根理论的方法解释其核心技术控制力的演化过程,选择大连重工·起重集团有限公司(以下简称大重)和徐工作为辅助案例,对基于单案例提出的命题进行普适性验证。

(1)主案例选择。本书基于数据可得性和案例典型性两个因素,最终选择大连机车作为本书的主案例研究对象,原因如下:一是作者与大连机车有"地理接近和关系接近"的优势,有机会近距离地了解和观察公司发展的历程;二是大连机车自成立至今先后经历了从制造蒸汽到制造内燃、从制造内燃到制造电力,以及从 DC 技术到交流技术的重大变革,逐步发展成为能够独立设计制造具有世界先进水平机车车辆的现代化企业,适合核心技术控制力的演化研究。

(2)案例选择。选择大重和徐工作为辅助案例,原因如下:一是作者所在的研究团队于 2010 年参与了大重技术创新咨询项目,对企业的技术创新历程有较为全面和详细的了解,获得了企业丰富的资料;二是作者依托朋友关系通过电话访谈、电子邮件等形式获得徐工技术创新的相关资料;三是大重和徐工均为复杂产品系统所属企业,两个企业在创立初期都经历了核心主业的聚焦发展,以及成长期的多元化扩张战略。因此,适合作为检验核心技术控制力演化的辅助案例。多案例企业的基本情况如表 4.4 所示。

表 4.4 多案例企业的基本情况

概况	案例企业		
	主案例	辅助案例	
	大连机车	大重	徐工
成立时间	1899 年	1914 年	1989 年
企业性质	国有企业	国有企业	国有企业
所属行业	机车车辆行业	重机行业	工程机械行业
员工人数	8 600 余人	6 000 余人	19 000 余人
主营产品	内燃机车、电力机车、城市轨道车辆、大功率中速柴油机等	冶金机械、起重机械、港口机械、散料装卸机械	工程起重机械、挖掘机械、筑路及养护机械等

4.2.2 数据分析

1. 技术体系平台的遗传机制演化

在对主案例的纵向案例研究中,首先要进行阶段的划分,根据获得的大连机车的案例资料并综合公司管理者的意见，我们以重大技术变革为结点将其技术升级历程划分为三个阶段，如表 4.5 所示。

表 4.5　大连机车基于技术升级历程的阶段划分

特征	第一阶段 （1989~2001 年）	第二阶段 （2002~2006 年）	第三阶段 （2007~2010 年）
技术升级	内燃机车技术	电力机车技术	大功率交流传动电力机车技术
典型产品	东风系列产品，如东风 $_4$B、东风 $_4$C、东风 $_4$D	韶山系列产品，如韶山 $_7$E、韶山 $_3$B、韶山 $_4$G	和谐系列产品，如和谐 D_3、和谐 D_3B、和谐 D_3C
动力系统	柴油机	直流电传动	交-直-交电传动
技术性能	同期国内领先水平	同期国内领先水平	同期国际先进水平

　　在技术升级历程的三个时期内，东风系列的内燃机车、韶山系列的电力机车及和谐系列的大功率交流传动机车均是在已有成熟产品的基础上进行改进设计的，公司掌握的核心技术，以及已经存在的与订单要求相近的实例产品能够通过客户个性化修改配置完成新的订单产品结构。例如，东风 $_4$D 型客运内燃机车是在东风 $_4$B 和东风 $_4$C 型内燃机车基础上开发而成的提速客运内燃机车，对原车型的柴油机功率、机车走行部、高温冷却系统和发电机等进行了重新设计改进；韶山 $_7$E 型电力机车是在韶山 $_7$D 型电力机车的基础上改装辅助逆变器装置，下部采用独立开发的新型转向架结合而成；和谐 D_3C 型 7 200 千瓦客、货通用电力机车是在和谐 D_3 型电力机车技术平台的基础上，借鉴和谐 D_3B 型机车先进成熟的技术和设计理念，借鉴 SS_9 型电力机车列车供电技术等，开发设计的客货通用新型电力机车。具体而言，和谐 D_3C 与和谐 D_3B 的转向架、牵引电机都一样，只是把列车供电柜的位置进行了调整，单独设计了变压器，同样在做出口乌兹别克车的时候，跟和谐 D_3C 的技术体系比较接近，车上部基本不动，跟和谐 D_3C 型机车，只是对操作台的左右驾驶位置进行了调整，另外将轨距由 1435 毫米调至 1520 毫米。正如对大连机车的访谈中刘总所说，现在我们有几个业务板块，一个是机车，机车分内燃和电力，二是发展城轨，三是柴油机，现在我们又做机车修理，这几个业务都有相关性。例如，机车和城轨，比较典型的，都是载运的，都有车体、电气等，主要是多了内装（城轨）、内部装饰，是需要去研究的。由此可见，大连机车运用成熟技术，在已有产品技术平台基础上开发系列产品反映出核心技术控制力的遗传演化效应，而这一演化效应随着时间的推移也使公司掌握的核心技术更加成熟，表现为产品线的不断延伸和客户市场的深度细分，同时公司开始从产品和零部件入手，寻求成本的降低。上述分析形成命题 4.1。

　　命题 4.1　企业基于相同技术模块的产品平台优势越强，则以同心多元化式产品开发和渗透式市场细分为表现特征的核心技术控制力就会形成遗传性演化。

　　为了增强命题 4.1 的普适性，本书运用两个辅助案例对命题进行检验，从而提高研究结论的适切性和科学性（表 4.6）。

表 4.6　对命题 4.1 的跨案例检验

案例	跨案例证据		演化效应
	技术平台	同心多元化式——产品举例	
大重	捣固式焦炉技术 顶装煤焦炉技术	3.2 米、3.8 米、4.3 米、5.5 米、6.25 米捣固式焦炉， 5 米、5.5 米、6 米、6.2 米、7 米、7.63 米顶装煤焦炉	遗传性
徐工	起重机技术 装载机技术	越野轮胎起重机、轮式起重机、履带式起重机等， 装卸机、挖掘机、挖掘装载机、小型轮式装载机	遗传性

大重通过引进、消化、吸收前苏联技术，于 1954 年设计制造了国内第一台侧装煤捣固焦炉装煤推焦机，并在此技术平台基础上与国内外企业合作，为国家冶金、化工、城市煤气等重点工程设计制造了 500 余台/套各种规格型号的焦炉机械。1999~2002 年，徐工实行以工程机械为核心的"归核化"战略，围绕工程机械产品平台开发出系列起重机械、土方机械产品。

2. 组合集成创新的变异机制演化

外部环境的日益复杂和客户的个性化需求使任何企业所掌握的某一领域的核心技术优势都会出现刚性特征并逐渐消逝（Strauss and Corbin，1998），因此，通过技术变革建立新的比较优势成为企业技术演化的必然路径。从表 4.3 可以看出，大连机车经历了两次重大的技术变革，即从制造内燃机车到制造电力机车和从 DC 技术到交流技术，实现了公司核心技术的变异性演化效应。那么，这种技术升级是如何实现的呢？2000 年公司设计处正式成立电力机车设计组，在一缺技术资料、二无实际经验、三无实验基地的情况下，组织技术人员到国内电力机车领域的领先企业参观调研，收集有关资料。大连机车通过技术学习模仿研制了"SS$_4$"改型和"SS$_3$B"型电力机车，并与大同电力机车联合开发了"SS$_7$E"型电力机车。通过对成熟电力机车产品的模仿和合作开发，以及将自身在内燃机车领域的机车总成、走行部、车体钢结构等系统技术和关键部件技术移植到电力机车上，大连机车掌握了电力机车的设计理念和方法，形成自己的电力机车产品平台，实现了由制造内燃向制造电力的升级转型。为了实现电力机车动力系统的升级，大连机车于 2003 年 12 月与日本东芝公司合作，研制出"SSJ$_3$"型 120 千米/小时的交流传动电力机车。2007 年，为了进一步提高电力机车的牵引功率和技术水平，大连机车与国际电力机车巨头——加拿大庞巴迪公司进行技术合作，研制具有自主知识产权的 9 600 千瓦大功率交流传动电力机车。为了彻底解决核心关键技术的缺失问题，大连机车组织国内具有实力的高校与知名企业，联合研制成功国际上最大容量——11 620 千伏安的牵引变压器，不仅提高了公司在电力机车领域里的技术实力，更巩固了与庞巴迪合作中的主导权。

此外，大连机车还通过整合内外部资源进行技术研发与创新。例如，在强度、流体及焊接等计算项目中与大连理工大学和大连交通大学等高校进行合作；在主变压器型式试验和高压试验等试验项目中与沈阳变压器研究所进行合作；在高压电压互感器、冷却塔和轴承等部件研发中与瓦轴和大轴等公司单位进行合作。大连机车以内部技术开发为基础，以外部先进技术为动力，通过技术集成实现产品创新，由此实现核心技术控制力的变异演化，这种演化效应在变革期体现得更为明显，表现为经营战略的多元化。上述分析形成命题 4.2。

命题 4.2 企业基于技术集成的创新程度越高，表现为经营战略的多元化，核心技术控制力就会形成变异性的演化。

大重与美国罗宾斯公司、德国海瑞克公司合作制造刀盘直径为 8 米的隧道掘进机与直径为 6.39 米的土压平衡式盾构机；与德国弗尔兰德合作研制 1 500 千瓦风力发电机组，研制出国内首台具有自主知识产权的 3 兆瓦风电机组。徐工则通过合资合作模式拓展其核心技术领域：1996 年与美国阿文美驰公司合资进入车桥领域；2000 年与德国蒂森克虏伯公司合资进入回转支承领域；2009 年与韩国斗山公司合资进入发动机领域（表 4.7）。

表 4.7 对命题 4.2 的跨案例检验

案例	跨案例证据		演化效应
	技术集成	多元化产品举例	
大重	隧道掘进技术、风力发电机组技术等	隧道掘进设备、风力发电核心部件等	变异性
徐工	重卡与专用车辆技术，土方机械技术，发动机技术	重型卡车、桥梁检测车等，挖掘机、装载机等，DE08 发动机	变异性

3. 自主产品价值的选择机制演化

核心技术的升级过程与风险相伴，当企业向新的技术领域演化时，新技术对企业产生了新的能力需求，企业需要考虑基于新技术的产品开发能否与市场需求匹配。在外界看来，中国轨道交通装备制造业已形成不同企业有各自产品和技术优势的格局，进入新领域的竞争，不但技术基础薄弱而且市场前景也不容乐观。然而，大连机车依托以我为主的自主开发战略实现了二者的有效匹配。原铁道部决定"十五"期间铁路运输由以内燃机车为主转为以电力机车为主，在一些老干线和新建线路上要基本实现电气化，大连机车敏锐地识别出内燃机车的未来市场趋于饱和，而电力机车领域却有广阔的市场空间，于是做出了"内电并举"的战略决策，决定将电力机车作为经济增长的重要支撑点。根据 2003 年铁道部《加快铁路机车车辆装备现代化实施纲要》中"货运要以重载、快捷作为发展的重点"的政策要求，大连机车将已经攻克的内燃机车交流传动技术应用于电力机车产品，抓住了发展电力机车的后发优势。在产品开发中，大连机车始终坚持"以我为主、自主创新"的原则，在识别市场需求的基础上，设计产品概念，并在世界范围内广泛寻求合作伙伴，同专业技术咨询公司、高校、科研院所，乃至同行竞争者都建立起不同层面的技术合作。以市场环境变化为导向，以企业为核心开发产品，实现技术升级与市场需求相匹配的战略调整，反映出核心技术控制力的选择演化效应，这种演化效应与市场需求保持一致性，在产品概念设计上，突出企业的主导地位。上述分析形成命题4.3。

命题4.3　企业基于技术升级与市场需求适配的战略选择，表现为主导产品概念设计的自主开发战略，核心技术控制力就会形成选择性的演化。

两个辅助性案例的检验分析结果见表4.8。

表4.8　对命题4.3的跨案例检验

案例	跨案例证据			演化效应
	市场需求识别	产品概念设计	核心技术控制力	
大重	起重设备技术领域诸多关键技术依赖国外，需要通过自主创新实现突破；传统的海洋平台建造工艺相对落后，用户需求趋向于整体吊装合拢应用	2万吨桥式起重机：建造周期缩短30%、单次吊装可节约200万个工时	共获4项中国发明专利和3项国外发明专利，世界首个掌握该技术的国家	选择性
徐工	我国周边邻国和非洲各国的经济迅速发展，其基础建设和新的大型矿山的发展促使自卸车的需求量保持快速增长；用户选择趋向于大型化和新技术应用；不同开采规模的矿山都力求采用大吨位车型	DE170电传动自卸车：整体车桥式、后卸式结构，交-直-交电传动驱动技术	拥有完全自主知识产权，已获专利受理150多项，全球首个在170吨级电传动自卸车上采用交-直-交电传动驱动技术	选择性

4.2.3　案例讨论

本节从演化经济学的角度构建了技术体系平台、组合集成创新和自主产品价值三要素，分别通过遗传、变异和选择机制实现核心技术控制力的动态演化模型，由案例研究可得出以下几点内容。

技术体系平台是核心技术控制力的一个基础性要素，它支撑着企业产品开发的要素生成和积累，以及核心竞争力的形成过程，表现在市场层面的同心多元化式产品开发和渗透式市场细分，引导着核心技术控制力的遗传性演化，增强了企业基于相同领域的核心技术控制力的宽度和深度。复杂产品系统的产品平台强调对技术的系统规划和标准化管理，对技术数据与经验进行持续的记录、归纳和修改，并强调在相同平台上开发出系列产品。

组合集成创新是核心技术控制力的一个升级性要素，它通过集成全球范围内的先进技术和企业内部技术支撑企业的技术能力向更高层次提升，通过相关多元化经营策略促进核心技术控制力的变异性演化，增强基于不同领域的核心技术控制力的差异性，这一过程中产品平台所发挥的作用表现为产品系统层次上的技术整合。复杂产品系统开发所需技术的广度和深度均超过一般产品，而少数几项技术的缺失就会导致整个产品开发难以实现，当前复杂产品被嵌入在日趋复杂的技术网络中，因而大大减少了单个企业控制新技术的机会，因此，系统集成商应善于利用外部技术资源进行产品创新。

　　表现在战略层面的自主产品价值战略，即投射在市场层面的客户需求识别和以我为主的产品概念设计，依靠订单式产品要求和集成商主导角色会激发核心技术控制力的选择性演化。系统集成商控制全流程产品开发过程在全球范围内建立战略联盟时，没有必要也不可能掌握关于产品开发和生产的每个模块详细的技术与全部领域知识，而是选择了解和逐步掌握各模块的一些关键技术、信息、接口技术与运行原理等。

4.3 本 章 小 结

　　本章基于第 3 章提出的研究框架，探索并分析复杂产品系统创新核心技术控制力维度的结构维度及其演化特点。运用探索性多案例研究法选择七家企业作为案例研究对象，运用扎根理论方法，通过开放式编码、轴心式编码和选择式编码层层编码，分析复杂产品系统创新核心技术控制力结构维度的三个要素，包括技术体系平台、组合集成创新和自主产品价值。这三个核心技术控制力的内涵要素在复杂产品系统创新过程中表现出其情境化特征，反映出复杂产品系统集成商核心技术控制力内涵及维度的特殊性。在此基础上，通过文献法构建复杂产品系统核心技术控制力的演化机制模型，并采用验证性多案例研究法分析核心技术控制力三个要素的演化规律：在复杂产品系统集成商的发展历程中，技术体系平台表现为遗传演化机制，组合集成创新控制力表现为变异演化机制，自主产品价值表现为选择演化机制，三者之间的相互作用共同促进复杂产品系统集成商核心技术控制力的提升与升级演化。

第5章 复杂产品系统创新网络控制力

本章主要解决"复杂产品系统创新网络控制力的关键要素及其演化特点"这个问题。本章研究思路如下：静态视角下运用探索性单案例研究法，分析复杂产品系统创新核心技术控制力的关键要素；动态视角下运用调查统计嵌入式纵向探索性单案例研究法，对所识别的创新网络控制力的关键要素在企业不同发展阶段的演化特点进行分析。

5.1 创新网络控制力关键要素

5.1.1 研究设计

作者仍以大连机车为本节创新网络控制力研究主题的案例研究对象，对其进行深入的探索性案例研究（苏敬勤和刘静，2013e），选择此案例的原因如下。

第一，产品创新特性。机车车辆产品属于研发成本高、技术复杂、单件或小批量订制生产的复杂产品系统，这种产品的研发创新过程涉及不同的利益相关者，系统集成商在整个创新过程中有效处理和控制创新中各个利益相关者之间的组织关系状态，体现为机车车辆产品集成商的组织控制能力，因此，机车车辆产品作为典型的复杂产品适合作为本节创新网络控制力问题的研究对象。

第二，企业创新特性。大连机车自成立以来先后进行了六次技术改造，设计制造过10种型号的蒸汽机车,40多种型号的内燃机车和近40种型号的货车。2006年，大连机车研制出我国第一代大功率交流传动电力机车HXN3型交流传动货运电力机车，在此产品平台的基础上于2008年自主研发了HXD3B型9 600千瓦大功率交流传动货运电力机车，继而又在HXD3型电力机车和HXD3B型电力机车的平台上开发成功HXD3C型电力机车。大连机车作为集成商始终坚持"以我为主"的研发理念，负责新产品开发项目，控制项目流程、团队运营等环节，由此可以判断在大连机车作为集成商在不断开发新产品的过程中，必然形成企业的创新网络控制力，从而有利于观察和识别构成创新网络控制力的结构维度。

关于案例企业的详细背景介绍、案例资料的收集及整理，已在第 3 章进行了详细介绍，本节则不做过多介绍。

5.1.2　数据分析

1. 内容分析法

作者采用内容分析法对搜集的资料进行分析，内容分析法的核心是编码，即把资料进行分解和概念化，在对事件与概念进行不断比较的基础上，再以一种崭新的方式把概念重新组合，以完成由庞杂资料中建立理论（闫星宇，2011）。（公式介绍见 4.1.2）。

内容分析法平均相互同意度为 $\overline{K} = \dfrac{0.758 + 0.831 + 0.899}{3} \approx 0.829$，分析者信度为 $R = \dfrac{3 \times 0.829}{1 + 2 \times 0.829} = 0.936$，信度的计算结果比一般要求的 0.8 高，显示三位编码员归类的一致性较高，可正式进行编码工作。

2. 分析过程

1）一级编码

一级编码属于资料分析的前期阶段，其目的在于指认现象、界定概念、发现范畴，即处理聚敛问题，而其关键是数据分析者一开始没有任何事先设定而以完全开放的态度进行编码。为规避研究者主观因素，本章仍使用 ROST CM 6.0 中的词频分析和语义网络分析工具对收集的数据进行一级编码，依据资料内部关联性提炼出 33 个概念，分析结果如图 5.1 所示。

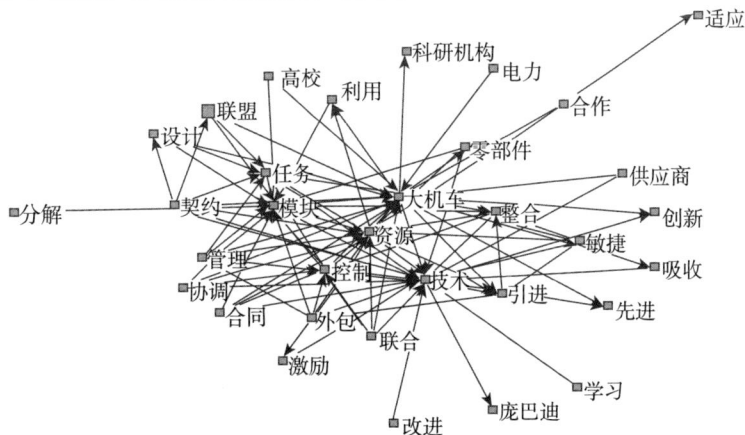

图 5.1　大连机车企业数据资料一级编码效果图

2）二级编码

二级编码是在一级编码的基础上根据概念之间的内在关联与逻辑浓缩资料蕴涵的性质和维度，据此，编码员对一级编码得到的 33 个概念做进一步归纳与抽象。从图 5.1 可以看出，共形成 6 个核心概念词，即"模块、控制、资源、大机车、技术和整合"，作者以这 6 个核心概念为基点，根据概念词的聚集度、概念内涵及其之间的内在联系，对这 33 个概念进行初步联结，得到了 6 个子类别（subcategory），具体如表 5.1 所示。

表 5.1　案例企业数据资料二级编码表

一级编码——概念	二级编码——子类别	一级编码——概念	二级编码——子类别
契约	模块外包	整合	资源匹配
供应商		资源	
分解		技术	
合同		敏捷	
任务		适应	
模块		合作	
外包		供应商	
控制	组织协调与控制	大机车	自组织网络
联盟		联盟	
管理		高校	
大机车		科研机构	
激励		庞巴迪	
联合		供应商	
庞巴迪	技术获取	技术	知识消化
引进		创新	
技术		改进	
先进		吸收	
合作		学习	

（1）模块外包。复杂产品系统的生产多采用模块化生产，模块化生产包括产品概念设计商、规则设计商、产品系统集成商、模块供应商和产品销售商等利益相关者，各主体基于编码化信息的交换，并利用契约形成开放式生产网络（Porter，1985）。系统集成商主要负责产品概念和规则设计，并在对模块分解的基础上选择众多模块供应商进行生产，最终负责模块集成及销售。从生产效率的角度来看，大量"弹性专精"的模块供应商提供交钥匙工程的全套服务，使系统集成商能够很容易获得所需要的模块生产和服务能力，从而较为敏捷地把自己设计的产品概念转化为产品。例如，大连机车在交流传动内燃机车的国产化研制过程中，将大

功率整体散热器、滤清器、转向架、电气屏柜、系统管路、电阻制动、通风机、司机室改进等 400 余项零部件的国产化及选型工作进行分解，并选择不同的供应商进行生产协作（表 5.2）。

表 5.2　大功率交流传动内燃机车模块外购及协作供应商

模块名称	模块供应商	模块名称	模块供应商
交流牵引电动机	永济电机厂	减振器	重庆齿轮箱有限责任公司
主发电机	永济电机厂	牵引电机、通风机电机	西安电机厂
冷却风扇电机	西安电机厂	主发电机、通风机电机	西安电机厂
中冷器	大连通用热力系统有限公司	蓄电池	长沙丰日电气集团有限公司
中冷器	基伊埃（芜湖）川崎机械制冷设备有限公司	蓄电池	深圳华达
散热单节	大连通用热力系统有限公司	缓冲器	天津机车车辆厂
增压器	美国 EMD 公司	缓冲器	四方机车研究所
燃油输送泵	美国 Viking 公司	空气压缩机组	石家庄国祥精密设备机械有限公司
喷油泵	奥地利 Austria 公司	空气压缩机组	中国北车集团北京南口机车车辆机械厂
喷油器	奥地利 Austria 公司	空气压缩机组	惠州市标顶空压技术有限公司
通风机	山东威海克莱特风机有限公司	冷却风扇	山东威海克莱特风机有限公司

资料来源：作者根据实地调研资料整理

（2）资源匹配。资源匹配是指处于价值链条中的企业根据自身的资源条件和竞争能力与众多"价值环节"进行匹配（Gereffi，1999）。对于拥有价值链条控制权的复杂产品系统集成商而言，一方面要控制能够创造出高附加值的特定价值环节，另一方面也会尽可能多地按照能力特征将链条中分解出去的次要环节在不同的模块供应商之间进行配置（Gereffi et al.，2005）。系统集成商因为抓住价值链的战略环节而成为整个价值链条的控制者和资源匹配的治理者。大连机车坚持自主设计和谐 D_3B 型交流传动电力机车，各模块供应商在服从大连机车设计的技术参数等规则前提下展开竞争，最终胜出者获得机车模块化系统的全部期权价值。其中，因主变压器是交流传动电力机车的核心部件，大连机车完全独立自主研发设计和谐 D_3B 型交流传动电力机车主变压器，并拥有完全自主知识产权，且在该项目研制中，获得了《交流传动电力机车主变压器铁心》和《交流传动电力机车主变压器引线》两项国家专利。

（3）组织协调与控制。协调与控制是指系统集成商作为价值链条中的驱动企业，拥有对价值链条中的企业进行协调或控制的权利和职责。这样，系统集成商可以有效激励约束价值链中的合作企业，从而使整个价值链的各生产环节能够恰当地适应、整合和重新配置内外部的各种资源以适应不断变化的外部环境。例如，大连机车的一位项目负责人在访谈中提到，我们的每一个产品研发项目都涉及很多的模块供应商，包括国内的和国外的，如果在产品研制过程中某个供应商供货出现延迟，则会影响到其他模块的集成联调，最终导致整个产品的开发周期被延误。因此我们在与模块供应商进行合作时会非常明确地提出我们对模块产品的各项技术要求及交付期限，而且还会通过合同体系和各种激励措施协调与管理各模块供应商的模块生产。

（4）自组织网络。复杂产品系统的组织形式是通过多种正式和非正式契约逐渐形成并不断自我演进与自我增强的一种产业内部专用化分工整合的协作机制。在这一网络组织模式中有多种不同的治理结构和组织形式。例如，大连机车的自组织网络主要包括以下四种类型：①公司所属集体企业，如配件分厂、配件二分厂、粉末冶金厂、工贸公司、增压器分厂和实业发展公司；②合资企业，如大连东芝机电电气设备有限公司和大连海鹏铁路装备有限公司；③战略联盟，如加拿大庞巴迪、日本东芝、德国福依特、大连理工大学及其他高校和科研机构等；④配件销售代理商，如大连保税区中车铁路机车车辆销售有限公司和上海涌翰企业发展有限公司等。

（5）技术获取。由于系统的复杂性，系统集成开发商不一定非要通过自身的开发活动掌握复杂产品系统的所有技术，可以通过外购获得，在全球范围内整合资源获取所需技术也是全球网络化制造和开放式创新条件下的现实策略。正如大连机车的原董事长孙喜运在访谈中所说，"机车工业发展很快，光靠我们自己闭门造车根本不行，很多先进的技术国内还没有，我们需要借鉴国外先进的技术，但关键问题是我们始终坚持以我为主，是我们提产品设计的具体要求，他们满足我们的指标，是他们帮我们做，我们请大家一块做，所以产品是我们的"，HXD3B型机车就是以庞巴迪 Iore Kiruna 机型为基础进行设计的。

（6）知识消化。虽然复杂产品系统集成商不一定要对构成系统的每个模块详细的技术都进行掌握，但必须了解和逐步掌握模块中的关键技术，以体现对整个复杂产品系统集成商的控制主导作用。因此集成开发商从分包商处得到模块的过程也是一个知识消化的过程，这些技术的学习能够帮助其在后期为最终用户提供更好的跟踪服务并进行系列产品开发。例如，"HXD3B 型机车的管接头采用国际流行的派克管接头，大连机车对停放制动系统的控制方式进行了改进，实现了无火回送以及段内调车时通过连接制动管的方式对停放制动进行控制，该装置为国内首创"。

3）三级编码

三级编码是在二级编码的基础上继续发展更加抽象的类别，三级编码的方法有两种，一是从已有的子类别中选择，二是根据解释案例现象的需要在更抽象的层面进行提炼。作者在 2011 年 8 月 20 日召开的"自主创新与国家创新体系国际化"国际学术研讨会上汇报了研究人员对大连机车的案例研究成果，会议邀请了浙江大学、中国科学院及吉林大学等多位著名教授，与会学者从不同的角度对我们的研究成果进行了述评并给予了建设性意见。作者在前期研究的基础上综合专家意见对二级编码得出的六个子类别进行反复比较分析，将"模块外包"和"资源匹配"整合为主类别"价值链分解权"；将"组织协调与控制"和"自组织网络"整合为主类别"多组织协同控制能力"；将"技术获取"和"知识消化"整合为主类别"交互式组织学习能力"，最后得出复杂产品系统创新网络控制力的三个关键要素（图 5.2）。

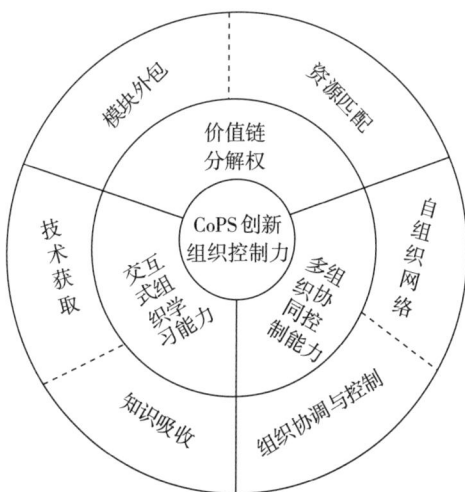

图 5.2　复杂产品系统创新组织控制力结构维度

（1）价值链分解权。全球价值链理论为我们从复杂产品系统企业能力视角理解系统集成商在产品创新项目中的控制力关系提供了现实基础。依据 Gereffi 等（2005）与 Humphrey 和 Schmitz（2000）的观点，在某一全球价值链条的众多"价值环节"中，处于高端的价值环节能够创造出较高的附加值，而某些辅助或支撑性的低端价值环节创造的价值非常小甚至不创造价值。因此，通过掌握价值链分解权以控制全球价值链的高价值增值环节是复杂产品系统集成商快速有效地提升自身核心竞争能力和创新控制力的关键。系统集成商的价值链分解权主要包括两个方面，一是价值链次要环节的分解与外包，即选择合适的模块供应商，按照最大利润或降低成本的需求将价值链条中的次要环节分解出去；二是价值链核心环节的控制与创新，即抓住价值链的重要环节，集中优势资源打造核心竞争力，提升对整个价值链的影响和控制能力。

（2）多组织协同控制能力。基于组织控制理论的观点，组织控制是企业为了实现其战略目标而必须进行的一些公司行为，这些行为可以保证企业的工作按照预定的目标顺利进行（赵永彬等，2006）。由于不同的创新类型需要不同的组织控制方式（Doloreux，2002），相比较普通大规模消费品而言，复杂产品系统的大规模、高单价、高附加值、技术密集及复杂等创新特点使其组织控制类型也具有一定的特殊性，任何一个复杂产品系统创新项目都涉及众多利益相关者，所以系统集成商多以自我为中心联结不同的利益相关者，形成自组织网络。系统集成商在构建了自组织网络之后，需要协调和控制多个组织之间的合作与生产，即利用其主导优势地位，介入网络生产过程，优化整个价值链生产，提升产品创新项目的盈利模式，并在不同国家和地区的供应商之间进行资源配置与协调，从而保证复杂产品系统创新项目整个过程的顺利开展和进行。

（3）交互式组织学习能力。交互式组织学习是指参与创新过程的要素之间发生学习关系的过程，也是指由创新要素共同参与的交互式的知识产生、扩散和应用的过程（Faulkner and Senker，1994）。学习经济理论认为创新是一个知识转移的交互式学习过程（Koschatzky and Sternbery，2000），企业与外部伙伴的创新联系对企业的技术创新非常重要，这也为本书从网络式视角研究复杂产品系统的创新提供了基础。因此，本书在理解复杂产品系统创新网络控制力的时候，分析的不是单个企业要素，而是系统集成商与网络式组织内利益相关者之间的交互学习关系。系统集成商基于某个复杂产品研发项目与生产价值链中其他利益相关者之间发生研发联系的过程中，交互式组织学习体现为正向式技术学习和交互式知识吸收两个方面，正向式技术学习主要强调系统集成商对外部知识的获取和学习，交互式知识吸收反映的是企业在运用所获取技术知识过程中的改进与创新。

5.1.3　关键要素

作者通过探索性单案例研究对复杂产品系统集成商的创新网络控制力进行了分析，研究归纳出复杂产品系统集成商创新网络控制力的三个关键要素及六个子要素，包括由模块外包和资源匹配构成的价值链分解能力，由协调与控制和自组织网络构成的多组织协同控制能力，以及由技术获取和知识吸收组成的交互式组织学习能力。从研究结果来看，交互式组织学习能力、价值链分解权能力和多组织协同控制能力三个维度的情境化特征较为明显，也就是反映出以复杂产品系统集成商为主的大型装备制造企业创新网络控制力内涵及维度的特殊性。企业必须认识到，创新网络控制力是一个组合，各能力维度将随着环境的变化进行演进和调整，所以，复杂产品系统集成商一方面要整合企业内外部资源构建其创新网络控制力，另一方面也要在当前创新网络控制力发挥作用的同时开始搜索、开发并培育新的创新网络控制力维度。

5.2　创新网络控制力演化特点

5.2.1　研究设计

作者依旧选择大连机车作为案例研究对象，采用调查统计嵌入式纵向探索性单案例研究法，从动态视角探讨复杂产品系统创新网络控制力结构维度的演化特点。

1. 构念测度

本节主要考察动态视角下的复杂产品系统集成商创新网络控制力的演化特点，以组织网络化特征为标准对企业的发展阶段进行划分，在此基础上分别测度企业每个发展阶段的创新网络控制力结构维度的变化。

首先，确定测量维度。基于 5.1 节的研究结论，我们从价值链分解权、多组织协同控制和交互式组织学习三个方面测度企业的创新网络控制力。对创新网络控制力三个结构维度的测度分为两个步骤：第一，以 Gereffi 等（2005）、Hit 等（1996）及 Faulkner 和 Senker（1994）对价值链分解权、多组织协同控制和交互式组织学习的相关研究综述为基础，并结合对大连机车的实地访谈结果，设置九个测量题项测量创新网络控制力的三个结构维度。第二，在对企业三个发展阶段进行划分的基础上，分别从每个阶段选择一个具有典型的创新型的产品，运用上述九个测量题项分别针对每个产品在研制过程中的创新网络控制力表现度进行测度。

其次，确定测量对象。分别抽取公司规划发展部、生产部、技术开发部、柴油机开发部、工艺技术部和市场部的 5 名工作人员进行问卷调查，采用李克特 5 点评分法对问卷进行测度，1 表示非常不同意，5 表示非常同意，对已设计的大连机车产品创新网络控制力测量调查问卷进行作答。

最后，分析测量结果。确定企业发展不同阶段内大连机车创新网络控制力的测量方法之后，就可以通过测量结果确定每个阶段创新网络控制力三个结构维度的表现与演化特点。根据李克特 5 点评分法的分值、题项数量和有效回收问卷数确定最低分值为 72（$1 \times 3 \times 24$），最高分值为 360（$5 \times 3 \times 24$），将数值区间平均三等分，其中，数值在 72~168 视为低支持度，数值在 169~264 视为中支持度，数值在 265~360 视为强支持度。对三个创新网络控制力维度而言，如果三个题项中低支持度题项所占比例为 1/3，则视此创新网络控制力维度表现为强，如果三个题项中低支持度题项所占比例为 2/3，则视此创新网络控制力维度表现为弱。最后，根据创新网络控制力维度的强弱与变化判断和分析在企业发展不同阶段内创新网络控制力的变化规律，据此归纳总结动态视角下复杂产品系统创新网络控制力的演化特点。

2. 企业发展阶段划分

由于本节采用的是纵向案例研究，因此需要对案例研究对象进行阶段划分。基于陈劲等（2004）对产品创新国际化网络组织特征的分析，作者从产品创新的网络化组织规模和强度两个方面划分企业发展阶段。

（1）产品创新的网络化组织规模。本书重点讨论复杂产品系统集成商产品创新在全球价值链中的创新控制力，因此，本节在分析创新网络控制力要素的过程中，作者只统计大连机车基于产品创新目的与国外企业建立正式合作伙伴关系的企业数量，这样可以通过关键数据较为集中地分析大连机车网络化组织规模的演化特点。

（2）产品创新的网络化组织强度。从访谈中我们了解到大连机车与国外企业合作进行产品创新的形式主要有四种，即联合设计、合作研制、合作改进和技术转让，在询问了该公司管理者意见之后，我们根据公司在合作过程中的技术控制力程度和产品创新程度分别对上述四种合作关系进行赋值，即联合设计赋值为 4，合作研制赋值为 3，合作改进赋值为 2，技术转让赋值为 1。1986 年，"铁道部工业总局"正式改为纯企业性的"铁道部机车车辆工业总公司"，总公司对所属厂所不再是纯行政管理，因此我们以此时间点开始划分大连机车的发展阶段。根据上述两个指标，1986~2010 年大连机车产品创新国际化网络组织的发展过程如图 5.3 所示。

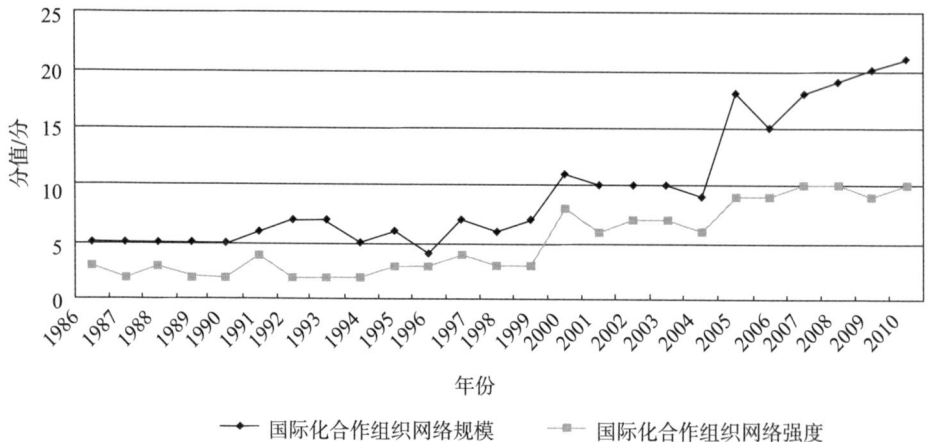

图 5.3　1986~2010 年大连机车产品创新国际化组织网络组织的发展过程

从图 5.3 可以看出，2000 年和 2005 年是两个明显的时间拐点，其中，2000 年，中国铁路机车车辆工业总公司改组为中国北方机车车辆工业集团公司和中国南方机车车辆工业集团公司，并与铁道部脱钩，机车车辆市场形成两家竞争的格局。2005 年，在"十一五规划"中，铁道部提出"引进先进技术，联合设计生产，打造中国品牌"的发展方针，在此政策驱动下大连机车的产品创新国际化战略也随之发生了变化。在征询大连机车高层领导及行业专家意见的基础上，充分考虑大连机车不同年代掌握的机车技术和机车产品类型的变化，本书最终把大连机车的发展历程划分为三个阶段，如表 5.3 所示。

表 5.3　基于产品创新网络化组织演化特点的大连机车发展阶段划分

特征	第一阶段（1986~1999 年）	第二阶段（2000~2004 年）	第三阶段（2005~2010 年）
代表性产品	DF$_4$型内燃机车	DJ$_3$型交-直-交传动货运电力机车	HXD$_3$B 型大功率交流传动电力机车
研制时间	1986~1992 年	2001~2004 年	2007~2010 年
国外主要合作方	美国通用电气公司	日本东芝	加拿大庞巴迪、德国福依特
创新国际化特点	技贸结合，合作改进	技术引进，联合设计	以我为主，联合设计，自主品牌
技术性能	20 世纪 90 年代初期国内领先水平	同期国内领先水平	同期国际先进水平

3. 问卷测度

我们分别设置了 9 个相同的测量题项对 DF$_4$、DJ$_3$ 和 HXD$_3$B 三种产品研制过程中的创新网络控制力进行测度，以期通过测量结果的比较发现企业创新网络控制力在企业发展过程中的变化规律和特点。问卷包含三部分，共 27 个题项，测量结果如表 5.4 所示。

表 5.4　大连机车发展三阶段创新网络控制力测度

构念	测量维度	测量题项 我们在研发与生产 DF$_4$/ DJ$_3$/HXD$_3$B 过程中：	测量结果		
			DF$_4$	DJ$_3$	HXD$_3$B
创新网络控制力	价值链分解权	能够抓住产品生产的核心（高附加值）环节	91（低）	260（中）	189（中）
		会按照能力选择不同模块的供应商联合生产	82（低）	155（低）	305（高）
		能够控制或影响价值链条中的其他合作者	109（低）	341（高）	348（高）
		小计	282	756	842
	多组织协同控制	能与项目合作成员构建良好的合作关系	172（中）	175（中）	264（中）
		能够塑造项目合作成员的共同远景与目标	153（低）	269（高）	311（高）
		能与项目合作成员建立共同的规则	134（低）	269（高）	320（高）
		小计	459	713	895
	交互式组织学习	善于从外部得到咨询意见和指导	185（中）	208（中）	261（中）
		平时注意记录和积累各种点滴的想法、知识和经验	253（中）	222（中）	309（高）
		在应用外部获取知识的过程中能够进行改进和创新	201（中）	259（中）	301（高）
		小计	639	689	871

资料来源：根据调查问卷统计数据整理

根据表 5.4 的测量结果，我们将大连机车研制 DF$_4$、DJ$_3$ 和 HXD$_3$B 过程中创新网络控制力的三个结构维度的表现程度进行总结，如表 5.5 所示。

表 5.5　大连机车研制 DF$_4$、DJ$_3$ 和 HXD$_3$B 中创新网络控制力三个要素的表现度

代表性产品	创新网络控制力			总计
	价值链分解权	多组织协同控制能力	组织学习吸收能力	
DF$_4$	弱	弱	强	弱
DJ$_3$	强	强	强	强
HXD$_3$B	强	强	强	强

5.2.2　数据分析

1. 大连机车发展第一阶段：1986~1999 年

20 世纪 80 年代，尽管机车车辆工业企业隶属关系不断发生变化，但企业的名称、性质及上下管理方式却没有发生实质性的改变，铁道部等行政部门直接管辖大连机车的生产运营，并统一安排其生产纲领。到了 90 年代，随着改革开放不断深入，我国铁路机车车辆业进入快速成长期，国内日益增长的需求对机车车辆技术提出了更高的要求，铁道部利用技贸结合的方式引进美国通用电气公司的内燃机车及其先进技术，引进机车的技术学习与制造均由铁道部协调安排，大连机车负责引进机车部分技术的学习(该时期典型案例资料举例见表 5.6)。由于技术基础薄弱，大连机车主要通过购买图纸、参观学习等方式进行模仿学习，这一阶段对国外先进技术的学习与吸收，奠定了大连机车的技术基础和产品平台。

表 5.6　大连机车产品创新发展第一阶段创新网络控制力典型案例资料举例

构念	测度变量	典型案例资料举例	关键词
动态能力	价值链分解权	"铁道部从美国通用电气公司进口 220 台 ND5 型内燃机车……工厂与通用电气公司合作改进东风 4 型内燃机车"——大连机车车辆厂年鉴 (1986)	进口合作改进
	多组织协同控制	"根据铁道部的统一安排，部署有关厂、所分别负责美国公司 ND5 型内燃机车部件的引进和研制，大连机车负责引进机车布线技术"——大连机车年鉴 (1987)	铁道部统一安排
	组织学习吸收	"工厂先后派出 3 个小组赴美考察并接受培训，掌握了 GE 内燃机车的布线原则、电线电缆的性能规格及电气线路图的绘制规制等"——大连机车年鉴 (1991)	学习吸收

2. 大连机车产品创新发展第二阶段：2000~2004 年

2000 年，中国机车车辆业经过改制形成两家竞争的市场格局，虽然竞争者的数量有限，但由于机车产品用户的特殊性，竞争非常激烈。公司为适应市场需求，秉承"技术立企，质量取胜"的经营管理方针，健全"研发一代、研制一代、生产一代"的研发体系，坚持自主研发系列新产品。大连机车根据铁道部"十五"规划的内容提出"内电并举"的生产经营新格局，积极与国内外企业进行合作着手研制电力机车（该时期典型案例资料举例见表 5.7）。在此行业背景下，大连机车抓住机会与日本东芝公司成立合资企业生产 DJ$_3$ 型电力机车，这在一定程度上也促进了公司对外资技术国产化的水平，从原来的技术模仿学习到部分部件能够自主生产并改进，这已经是一种技术能力的提升。

表 5.7　大连机车产品创新国际化第二阶段创新网络控制力典型案例资料举例

构念	测度变量	典型案例资料举例	关键词
创新网络控制力	价值链分解权	"工厂从 2002 年 10 月开始 DJ$_3$ 技术设计，……这种拥有自主知识产权，最大功率可达 120 公里/小时的电力机车，是我国铁路货运提速、重载急需的车型"——大连机车年鉴（2005） "铁道部提出机车车辆装备实施技贸结合技术引进政策后，公司抓住历史机遇，与多家国外知名企业接触，进行技术合作会谈"——大连机车年鉴（2005）	设计知识产权技术合作
	多组织协同控制	"大连厂与日本东芝公司进行技术合作，建立了合资公司，共同生产 SSJ3 型电力机车。"——大连机车公司网站 "大连机车同国内电力机车领域的领先企业合作研制电力机车"——CMCC	合作多组织
	交互式组织学习	"DJ$_3$ 原形车在运用考核中时牵引销焊缝处出现裂纹，公司在调查取样后分析焊缝处应力集中是造成焊缝裂纹的重要原因，并在结构改进上设计了改进方案，日本东芝对公司的新方案完全认同并更改了图纸。"——大连机车年鉴（2005）	学习模仿改进

3. 大连机车产品创新国际化第三阶段：2005~2010 年

随着中国经济全球化程度的日益深入和行业竞争环境的加剧，大连机车坚持消化吸收再创新与自主研发相结合，加强技术创新，不断提升产品技术水平，HXD$_3$、HXN$_3$ 和 HXD$_3$B 大功率交流传动机车研发制造不断推进。为了适应铁道部"引进先进技术，联合设计生产，打造中国品牌"的发展方针，大连机车与加拿大庞巴迪、日本东芝、德国福依特、大连理工大学及其他高校和科研机构等合作研制 HXD$_3$B 型电力机车，根据自己提出的产品技术要求和技术参数对庞巴迪 Iore Kiruna 机型的设计图纸进行了大量的改动，对外包给不同合作伙伴的产品模块进行统一的控制和管理（该时期典型案例资料举例见表 5.8）。大连机车在合作的过程中以自主性、可靠性、人性化及本土化等理念为指导对引进技术进行改进和创新，获得对新车型设计的完全自主知识产权。

80 复杂产品系统集成商创新控制力

表 5.8 大连机车产品创新国际化第三阶段创新网络控制力典型案例资料举例

构念	测度变量	典型案例资料举例	关键词
创新网络控制力	价值链分解权	"努力率先突破和掌握一批核心技术和关键技术,并尽早派生或研制出满足国内外、路内外市场需求的、难以复制的系列核心产品。" ——2010 年职工代表大会董事长孙喜运讲话 "要尽量采用模块化设计,强化零部件的通用化和标准化,缩短研发周期,减少工装设备。"——2010 年职工代表大会总经理闫兴讲话	核心技术 难以复制 模块化 标准化
	多组织协同控制	"重点产品要签订成本控制责任状,明确责任单位及责任人,严格考核,奖惩兑现。"——2010 年职工代表大会总经理闫兴讲话 "多样化选择合作伙伴,同专业技术咨询公司、高校、科研院所,乃至同行竞争者都建立起不同层面的技术合作。"——CMCC "HXD3B 型机车包括 TSB 公司的辅助牵引系统、TSB 公司与 VOITH 公司共同开发的驱动装置、庞巴迪公司转让的机车控制系统、车载微机网络控制系统等技术。"——技术部总工程师	成本控制 多样化合作伙伴 共同开发
	交互式组织学习	"HXD3B 型机车的管接头采用国际流行的派克管接头,大连机车对停放制动系统的控制方式进行了改进,实现了无火回送以及段内调车时通过连接制动管的方式对停放制动进行控制,该装置为国内首创。"——大连机车年鉴(2010)	学习 改进 创新

5.2.3 案例讨论

从表 5.5~表 5.8 对大连机车产品创新发展三个阶段的案例可以清晰地看到,大连机车创新网络控制力在企业发展的不同阶段呈现出不同的特点(图 5.4),本书基于纵向视角对整个案例进行分析,讨论其创新网络控制力的三个关键要素在企业发展历程中的演化特点。

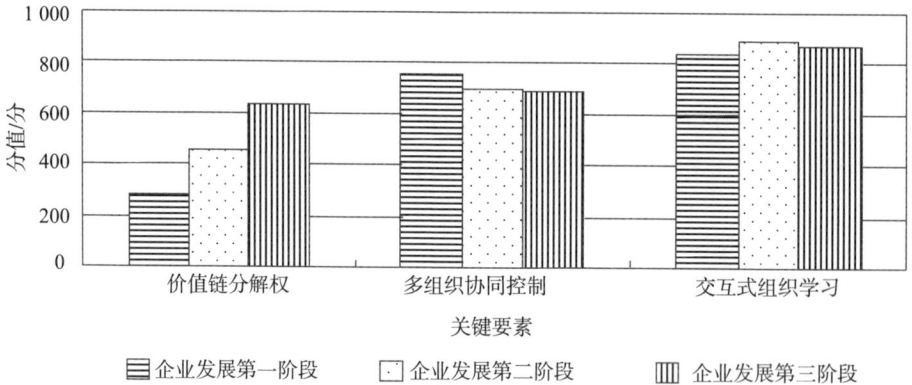

图 5.4 复杂产品系统产品创新网络控制力演化特点

在企业发展的第一阶段,大连机车进行产品开发的主要任务是在原铁道部的统筹下完成对引进技术的学习及产品或设备的重组。该阶段我国机车车辆研发技术相比较国外发达国家存在一定差距，机车新品的研制多以与国外公司合作的形式开发，而且一些机车核心部件，如传动装置、电气控制设备和柴油机等多以引进国外先进技术为主，因此，在这一阶段，企业的价值链分解权较弱。同时，原铁道部既是运营管理者又是产品使用者，在这种高度垄断、缺乏竞争的体制环境下，大连机车虽然作为机车产品的集成商，但是公司与国内外其他企业的合作也在一定程度上受到原铁道部的管理和控制，因此大连机车与其他企业的合作多由原铁道部进行管理和协调，该阶段企业多组织协同控制能力也相对较弱。虽然该阶段企业完全按照国外引进技术的标准进行生产，但是大连机车作为国家重点机车企业，企业员工对这种外来知识的渴求和学习的动力是非常强的，因此企业在引进国外先进技术的同时，不断根据国内机车生产特点的需要对国外先进技术进行消化吸收，逐渐积累自身的技术体系，这一阶段的创新网络控制力主要表现为交互式组织学习。

在企业发展的第二阶段，中国机车车辆业形成竞争的市场格局，原铁道部采取招标的方式购买机车产品，市场环境的变化对企业的运营模式提出了严峻的挑战。大连机车开始重视企业的市场管理，侧重对市场的把握，密切关注原铁道部的政策趋势和市场需求变化，以调整企业的生产经营格局。因此，这一阶段企业的创新网络控制力主要表现为价值链分解权。该阶段企业已经掌握了一定的生产能力，新增与大量零部件供应商合作以实现对原材料和零部件的国产化，合作开发适应国内市场需求的新产品，多组织协同控制能力相对第一阶段有了很大提高。经过第一阶段先验知识和经验的积累，该阶段企业的交互式组织学习能力也有进一步的提高。

在企业发展的第三阶段，大连机车紧紧围绕铁路技术装备现代化、根据原铁道部关于深化机车车辆技术创新的要求和部署，加大技术创新力度。在掌握柴油机、驱动装置、薄板连轴器等关键大部件技术的同时，加快公司信息化建设，完成企业级别产品数据管理（product data management，PDM）的全面实施工作，做到工业化和信息化的融合，实现模块化生产的动态对标，极大地提高模块化生产的效率。因此，这一阶段大连机车的价值链分解权也有所提升。大连机车的主要任务是"抓住机会"引进先进技术，主导产品设计，生产自主品牌机车产品，因此企业建立了与先进技术范式相匹配的全新的网络合作，包括国内外先进车型设计方、模块合作方、零部件供应商及高校等科研机构，大连机车在网络组织的合作过程中，负责产品设计，并协调与控制成员之间的合作，这一阶段企业的创新网络控制力主要表现为多组织协同控制能力。虽然大连机车不一定掌握构成系统的每个模块的详细技术，但必须了解和逐步掌握模块中的关键技术，因此这一阶段大连机车从分包商处得到模块的过程也是一个知识消化的过程，这些技术的学习能够帮助其在后期为最终用户提供更好的跟踪服务并进行系列产品开发。

从图 5.4 创新网络控制力三个关键要素的条形面积变化可以看出，在企业发展的历程中，创新网络控制力逐渐增强，其中，由于复杂产品系统的产品特殊性和我国大型装备制造企业体制变革，价值链分解权变化最为明显，由弱提升到强；多组织协同控制能力在后两阶段表现较为明显，由弱到较强继续表现为强，尤其是在企业主导设计的产品创新网络中，这种能力会逐渐内化为企业的核心管理能力；在三阶段中，交互式组织学习能力均表现为强，这是因为企业能力增长过程中伴随着知识的积累和创造，创新网络控制力是一个动态变化的知识管理系统，所以，交互式组织学习能够驱动企业创新网络控制力的不断提升。

5.3　本 章 小 结

本章基于第 3 章提出的研究框架，从静态视角探索并分析复杂产品系统创新网络控制力要素的关键要素，并从动态视角分析创新网络控制力关键要素在企业发展过程中的演化特点。以本书的重点案例企业——大连机车作为案例研究对象，运用内容分析法，通过层层编码分析复杂产品系统创新网络控制力要素的三个关键要素，包括价值链分解权、多组织协同控制及交互式组织学习。这三个创新网络控制力关键要素在复杂产品系统创新过程中表现出其情境化特征，反映出以复杂产品系统制造为主的大型装备制造企业创新网络控制力内涵及关键要素的特殊性。在此基础上，设计三个关键要素的构念测度方法，并在以网络化组织为标准划分企业发展不同阶段的基础上，测量出三个结构维度的演化特点，即创新网络控制力伴随着企业的发展与成长呈递增状态；在企业发展的不同阶段，创新网络控制力三个关键要素在创新网络控制力构成中的主导作用不同；在企业发展的不同阶段，三个关键要素的变化趋势和速度不同，在企业发展的第一阶段，企业的创新网络控制力主要表现为交互式组织学习，进入第二阶段，多组织协同控制能力相对第一阶段有了很大提高，该阶段企业的交互式组织学习能力也有进一步的提高，在企业发展的第三阶段，企业的创新网络控制力主要表现为多组织协同控制能力。复杂产品系统制造企业必须认识到创新网络控制力直接关系到企业的核心竞争能力，谁拥有最具竞争优势的创新网络控制力，谁就能处于价值链条的重要环节，影响或控制其他利益相关者；反之，谁的创新网络控制力越低，谁就只能处于链条的辅助和次要环节，接受较高环节的影响和控制。这就是创新网络控制力对复杂产品系统创新影响效用的本质内涵，因此，复杂产品系统制造企业应从三个关键要素着力培育具有竞争优势的创新网络控制力，从而可以在产品创新过程中创造较高的收益。

第6章　复杂产品系统创新市场控制力

本章主要解决"复杂产品系统创新市场控制力的关键要素及其演化特点"这个问题。本章研究思路如下：静态视角下运用多案例嵌入式调查统计法，分析复杂产品系统创新市场控制力的关键要素；动态视角下运用数学模型方法，对所识别的市场控制力的关键要素在企业发展不同阶段的演化特点进行分析。

6.1　市场控制力关键要素

6.1.1　研究方法

本节运用案例法和调查统计法相结合的方式开展复杂产品系统企业市场控制力关键要素的研究，力图运用多案例研究法分析影响复杂产品系统企业市场控制力的可观测因素，并将这些因素作为测度指标联结为基于中国企业实际的测度量表，在此基础上运用探索性因子分析法提取影响复杂产品系统创新的市场控制力的主要成分。

1. 案例研究

基于数据可得性和案例典型性两个因素，最终选择大连机车、大连船舶重工集团有限公司（以下简称大连船舶）和徐工作为案例研究对象的原因如下：一是研究组成员与大连机车和大连船舶有"地理接近和关系接近"的优势，研究者有机会近距离了解和观察公司发展的历程。此外，作者依托朋友关系通过电话访谈、电子邮件等形式能够获得徐工与研究主题相关的资料。二是通过对三个案例企业背景资料的初步了解，可以看出所选案例企业在技术创新、产品研发及企业总体实力方面具有较强的竞争优势，在其各自所属行业中均位居行业领导者地位，据此初步判断三个企业能够作为市场控制力相关研究的典型性案例。案例企业的基本情况如表 6.1 所示。

表 6.1　案例企业的基本情况

企业概况	大连机车	大连船舶	徐工
成立时间	1899 年	1898 年	1989 年
企业性质	国有企业	国有企业	国有企业
所属行业	机车车辆行业	造船行业	工程机械行业
员工人数	8 600 余人	15 000 余人	19 000 余人
主营产品	内燃机车、电力机车、城市轨道车辆、大功率中速柴油机等	驳船、拖船、渔船、军船、货船等各类别船舶，以及各类海洋工程设备	工程起重机械、挖掘机械、筑路及养护机械等

　　案例研究可采取文件、档案记录、直接观察、访谈、参与性观察和实物证据等多重数据源，通过多种渠道进行数据收集以形成三角验证，从而增强证据之间的相互印证。建立了包括以下四方面内容的案例研究数据库：对大连机车、大连船舶中高层管理者的访谈记录；案例企业的档案、文件资料；通过中国期刊全文数据库、重要报纸全文数据库和行业统计报告等检索与案例企业相关的文献；通过案例企业的公司网站等了解相关信息。

　　运用内容分析软件 ROST CM 6.0 对收集的数据进行处理，通过自适应的文本分词共现算法，分别对三个案例与市场控制力相关的文本资料进行语义解析和文本分析，剔除停用词和主语词（如太连、我们、公司等）后，摘取每个案例排序前 30 位的高频语义关系词，形成大连机车、大连船舶和徐工 3 个案例的 29 个高频词，以及徐工高频词汇对照表，如表 6.2 所示。

表 6.2　3 个案例企业市场控制力词频统计前 30 位的词汇

案例	高频词汇（排序前 30 位）
大连机车	专利|产权|知识|客户|互动|竞争|开拓|合同|政策|垄断|铁道部|调控|招标|资金|供应商|扶持|学习|创新|销售|管理|市场|拓展|联盟|规模|标准|需求|服务|引进|出口
大连船舶	技术|开发|专利|标准|投标|竞争|订单|门槛|改造|壁垒|参与|审批|定制|联合体|关系|平台|集成|研发人员|R&D|自主|产权|合同|项目|网络|竞争|市场|政策|资金|行政
徐工	政策|差异|管制|产权|研发|市场|订单|投标|资金|标准|技术|专利|知识|跟踪|竞争|需求|客户|自主|创新|学习|平台|设备|开拓|垄断|规模|行政|政府|联盟|服务|引进

　　分析表 6.2 中各案例企业的词频可发现：①在 3 个案例企业的词频统计中共同出现的词有 6 个，即专利、产权、标准、竞争、市场、政策；②在两个案例企业的词频统计中共同出现的词有 16 个，即知识、客户、开拓、合同、垄断、学习、创新、规模、服务、自主、投标、平台、订单、技术、引进、需求；③在每个案例企业的词频统计中单独出现，但与其他词构成含义相近范畴的词包括 11 组，即"铁道部—政府—政策、调控—管制—审批、招标—投标、资金—扶持、供应商—网络—销售、门槛—壁垒、研发—发明—开发—研发人员—R&D—改造—集成、行政—关系、联

盟—联合体、拓展—开拓、服务—跟踪—互动、设备—平台"；④在每个案例企业的词频统计中单独出现，且与其他词关联性较弱的词有 3 个，即出口、项目、参与，最后综合得出与研究主题相关性较强的 50 个高频关键词。

2. 量表设计

作者采用以下方法和原则设计量表：①以上述 50 个高频关键词为基础，根据具有高度共现和关联性的 2~5 个关键词的内在关系将其联结为测量量表；②在不能将关键词之间关系明确表述为测量量表的情况下，通过电话或访谈的形式与案例企业的高层管理人员进行沟通，归纳出关键词之间的主要关系作为度量指标；③通过文献资料、小组讨论、专家访谈等一系列措施保证量表的合理性与适用性（Flynn et al., 1990）。共形成 15 个有关复杂产品系统创新市场控制力关键要素的测度题项（表 6.3）。

表 6.3　复杂产品系统企业市场控制力构成要素观测变量及其来源情况

序号	观测变量	多案例分析结果	主要文献
1	政府的调控和管制	垄断，调控，管制，规划	Marceau 和 Martinez（2002）
2	加强售后服务	服务，跟踪，客户	Hobday（1998）
3	以联合体的形式进行投标	投标，联合体，招标，审批	Hobday（1998）
4	国家政策的支持	政府，政策，扶持，资金	Marceau 和 Martinez（2002）
5	以市场需求为导向研发	创新，需求，研发，市场	Kash 和 Rycroft（2002）
6	产品差异化	差异，创新，研发	Davies（1997a）
7	制定或参与制定行业标准	标准，专利，创新，发明	Haugbølle 等（2012）
8	规模经济形成的行业进入壁垒	垄断，行业，规模，壁垒	Neu 和 Brow（2005）
9	建立战略联盟	联盟，项目，合作，联合体	Cagli 等（2012） Glynn 和 Kazanjian（2010）
10	与客户建立合作关系	客户，关系，合作	Gokpinar 等（2010）
11	获取市场订单	开拓，市场，订单，需求	Boström 等（2012）
12	发展和维护与政府的政治关联	政府，关系，行政，联合体	Davies 和 Brady（2000）
13	技术领先战略	引进，创新，技术，集成	Hobday 和 Rush（1999）
14	协同创新	客户，创新，合作	Hoezen 等（2010）
15	应对市场竞争的先发战略	创新，市场，率先，主动	Hobday（1998）

6.1.2　数据分析

作者于 2011 年 7 月至 11 月通过实地调研、电话预约访问、校友会、熟人介绍 4 种方式大规模发放问卷，集中在辽宁、黑龙江、天津、长春和北京五个地区，共发放问卷 532 份，回收 149 份，不合格问卷 31 份，获得有效问卷 118 份，有效回收率为 22.18%，符合受试者与题项比例大于 5∶1，且受试样本总数大于 100 的标准。对于问卷回收的数据使用 SPSS 13.0 进行项目分析、效度分析和信度分析，提取出构成复杂产品系统企业市场控制力的关键因素。本书采用探索性因素分析中的主成分分析法进行因素提取，因而将效度分析置于因素提取过程中进行详细分析，然后再进行信度分析。

1. 项目分析

项目分析的主要目的是求出问卷个别题项的临界比率值，以鉴别不同受试者对题项的反应程度。将问卷数据分为高低两组，以独立样本 t-test 检验两组在每个题项的差异，将 t 检验结果未达显著性（α>0.05），也就是将不能鉴别受试者反应程度的题项删除。本书项目分析结果显示，所有题项中差异值的 95% 的信任区间均未包含 0 在内，表明两组差异显著，且 t 检验结果均达显著（α<0.05），表明问卷题项均能鉴别受试者的反应程度。

2. 主因素提取

本书采用主成分因素分析法，在适合作因素分析的基础上，选取特征值大于 1 的共同因素，再以最大变异法进行共同因素正交旋转处理，保留因素负荷量在 0.5 以上的题项。样本的 KMO 值为 0.815，超过 0.500，Barlett 的球形度检验的近似 χ^2 值为 1 015.243，显著水平小于 0.001，适合进行因素分析。从最终分析结果来看，表 6.4 中列于右边、特征值大于 1 的共 3 个因素，累计解释变异量为 53.907%，能解释变量的大部分结构，说明问卷有较高的结构效度。因此，可以认为这三个因素是构成复杂产品系统集成商市场控制力的主因素。

表 6.4　整体解释的变异数

成分	初始特征值			平方和负荷量抽取			转轴平方和负荷量		
	合计	方差百分比/%	累计百分比/%	合计	方差百分比/%	累计百分比/%	合计	方差百分比/%	累计百分比/%
1	5.652	31.653	33.624	5.651	31.656	33.614	3.268	21.887	20.683
2	2.175	12.358	45.073	2.125	12.368	42.033	3.345	18.788	40.674
3	1.613	9.973	53.907	1.623	9.853	53.907	2.026	13.128	53.907

为了明确各主因素的含义，对初始因素负荷矩阵采用最大方差法做正交旋转，旋转后得到的正交因素负荷矩阵，以及各题项与各主因素的相关性、各题项的共同度合并于表 6.4。其中，因素负荷量小于 0.01 者均未被显示，题项在其所属因素层面的顺序，是按照因素负荷量的高低排列。从表 6.5 中可以看出各因素的题项数目均在 3 个以上，但题项 Q8 和 Q11 因素负荷量小于 0.5，需要将其删除，剩余 13 个题项的负荷量均大于 0.5，符合标准，因素分析完成。

表 6.5　转轴后的因素矩阵与各量表信度系数

题项	成分		
	1	2	3
Q12	0.801	0.222	0.201
Q1	0.728	0.126	0.147
Q3	0.717	0.256	−0.194
Q4	0.688	0.405	−0.194
Q7	0.569	0.219	0.211
Q6	0.152	0.908	0.217
Q9	0.229	0.569	0.160
Q13	0.134	0.714	0.154
Q15	0.457	0.702	−0.107
Q8	0.136	0.439	0.401
Q2	0.324	0.181	0.805
Q14	−0.225	−0.112	0.751
Q10	0.146	−0.142	0.674
Q11	−0.203	0.153	0.398
Q5	0.303	0.139	0.611

注：灰底部分数字表示相关性强；抽取方法，主成分分析法；旋转方法：Kaiser 正规化最大变异法

　　由于题项删除后，整个因素结构会改变，所以，对其进行第二次因素分析，需验证量表的结构效度，操作方式与第一次因素分析相同。第二次因素分析中的 KMO 值为 0.798，Barlett 的球形度检验的近似 χ^2 值为 1 003.296，显著水平小于 0.001，适合进行因素分析。经过主成分分析法，得出特征值大于 1 的 3 个公因子，可以提取 3 个构成要素，累计解释变量达到 56.825%，能解释大部分结构，说明问卷有较高的结构效度。采用最大方差法做正交旋转，每个因素负荷量均大于 0.5，无须再删除，所有题项均达到标准，因素分析完成，最后保留 13 个题项。

　　3. 内部一致性信度检验

　　根据探索性因素分析的结果，将问卷分为 3 个分量表，为进一步了解问卷的可靠性和有效性，对各量表进行内部一致性 Cronbach's α 检验。由信度分析可知，总量表的 Cronbach's α 值为 0.874 9，在 0.8 以上；3 个分量表的 Cronbach's α 值均在 0.70 以上，说明此量表的信度很好，共提取出 3 个关键要素。对这 3 个要素分别命名为政治策略能力、差异竞争能力和客户价值链管理能力（表 6.6）。

表 6.6　复杂产品系统创新市场控制力构成主因素实证研究结果

序号	因素名称	测量指标		Cronbach's α
1	政治策略能力	Q12	发展和维护与政府的政治关联	0.834 2
		Q1	政府的调控和管制	
		Q3	以联合体的形式进行投标	
		Q4	国家政策的支持	
		Q7	制定或参与制定行业标准	
2	差异竞争能力	Q6	产品差异化	0.870 9
		Q9	建立战略联盟	
		Q13	技术领先	
		Q15	应对市场竞争的先发战略	
3	客户价值链管理能力	Q2	加强客户售后服务	0.846 8
		Q14	协同创新	
		Q10	与客户建立合作关系	
		Q5	以客户需求为导向进行研发	

6.1.3　关键要素

1. 政治策略能力

政治策略是指企业为谋求有利于自己的市场环境而影响政府政策与法规制定过程的策略（Hillman and Hitt，1999），在很多企业中，政治策略已经成为企业为谋求长远发展而进行战略管理的重要内容（Keim and Zeithaml，1986）。Peng 和 Heath（1996）从制度理论的角度提出，转型经济中外部市场的局限性在很大程度上是由于政府的干预或掌握资源分配的控制权。对正处于经济转轨时期的中国市场而言，企业的发展在很大程度上需要通过其政治行为而获取资源。已有学者研究了不同因素对企业政治策略选择的影响，包括：①企业规模。企业规模越大，企业受到政府政策的影响越大，由此企业具有更强的动因实施政策策略（Deephouse，1996；Schuler et al.，2002）。②政府合同金额比重。政府采购金额占总销售额比重越大，企业越可能采取政治策略（田志龙和邓新明，2007）。③行业集中度。处于较为集中行业的企业政治收益更大，因此这些企业具有更强的动力实施政治策略（Schuler et al.，2002）。复杂产品系统集成商均满足上述三个影响因素的特征，复杂产品系统集成商有更强的动力和条件实施政治策略，因此，本书得出政治策略能力是复杂产品系统创新市场控制力的主要结构维度。

一般而言，复杂产品系统制造企业会通过多种途径实施其政治策略，包括公共领导关注、政治化组织结构、直接参与、代言人策略和政府关联等。案例资料显示：①公共领导关注。公共领导被看做一种政治或政策领导（王乐夫，2003），它能够激发企业对有问题环境的注意，进而在各种竞争的多样化利益中寻求恰当的政策解决方案。表 6.7 所示的资料表明公共领导关注的是复杂产品系统集成商较为常见的一种政治策略行为，在促进企业与政府关联的过程中加强企业的市场控制力。②政治化组织结构。企业通过建立正式的公共事务部门促进企业参与政治活动的积极性与规范性，如大连船舶的纪检监察部。③直接参与。2009 年，大连机车按照铁道部标准项目计划要求，起草修订国家标准、铁道行业标准两项，参与其中修订国家标准、铁路标准七项。④代言人策略。1999 年 5 月 28 日，江泽民为公司百年华诞亲笔题词，"立足国内，走向世界，努力发展中国机车工业"；2002 年 6 月 11 日，胡锦涛视察公司时指出，"你们是百年老厂，也要办成一流机车厂"；2006 年 7 月 1 日，李长春和时任辽宁省委书记李克强在公司视察时指出："像大连机辆公司这样的企业，是关系到国计民生和国家经济战略安全的骨干企业，是'国家队'，承担着振兴民族工业的历史重任。"⑤政府关联策略。由于部分复杂产品系统制造企业的市场销售依赖政府采购，所以企业会通过做政府鼓励的事或政府推荐的事而加强与政府的关联。根据铁道部决定"十五"期间铁路运输由内燃机车为主转为电力机车为主，在一些老干线和新建线路上要基本实现电气化的市场新变化，大连机车于 2000 年 1 月 18 日召开厂务会，决定实现"内电并举"的生产经营新格局。

表 6.7　案例企业"领导人关注"政治策略事件列举

案例企业	莅临企业考察的领导人职务	领导人	考察时间
大连机车	辽宁省科技厅副厅长	孟庆海	2012 年 11 月 13 日
	全国政协经济委员会副主任	李毅中	2012 年 7 月 27 日
	中共中央政治局常委、国务院总理	温家宝	2009 年 3 月 21 日
大连船舶	国家知识产权局局长	田力普	2012 年 9 月 28 日
	辽宁省省委书记	王珉	2012 年 3 月 1 日
	国家发展和改革委员会副主任	张晓强	2011 年 9 月 22 日
徐工	江苏省副省长	傅自应	2012 年 11 月 6 日
	全国政协原副主席	徐匡迪	2012 年 10 月 29 日
	中共中央政治局常委、全国政协主席	贾庆林	2012 年 10 月 11 日

复杂产品系统企业都是关乎国计民生的产业，政府既通过市场准入制度、资金及政策等手段对这些产业进行保护和支持，同时又对企业进行一定程度的管制，因此，相比较其他产业而言，政府在复杂产品系统产业发展中所发挥的作用具有一定的特殊性。复杂产品系统企业与政府是非纯粹的一体化和分立化的关系，企业自身的经济边界和政府职能边界相互交叉渗透，由此形成政企构成的合作网络。

此网络成员之间的关系既非市场上的利益合作关系，也不是纯粹一体化组织内部的隶属配合关系，而是中国情境下复杂产品系统企业与政府间的特有关系。如何管理这种特殊关系以获得市场控制力，对复杂产品系统企业的能力也提出了更高的要求。现阶段，中国复杂产品系统企业在技术能力、品牌影响乃至制造工艺方面与国外企业相比仍存在较大差距，复杂产品系统企业的政治策略能力对其赢得市场控制力，摆脱其在全球价值链中的附属地位具有十分重要的作用。

2. 差异竞争能力

差异竞争能力涵盖了产品、活动、企业、产业甚至区域更高空间的各层面上的差异化优势（韵江，2003）。在竞争优势的构建中，差异化战略已不再是单纯只涉及企业内部的事情，持久的竞争优势来自于对企业定位、业务单元的关联性，以及企业经营各环节的分析（Khanna and Palepu，1997）。基于上述研究视角，本书从技术领先、市场多元和敏捷生产三个方面阐释复杂产品系统集成商的差异竞争能力，这三者融合形成的竞争优势会成为复杂产品系统企业持久的差异竞争能力：①技术领先。企业定位是形成差异化竞争能力的一个重要基础，来自于企业定位视角的差异化竞争优势需考虑企业所属产业结构，不同的产业竞争差异很大，获利机会和前景不同。复杂产品系统属于技术含量高、研发投入大、项目周期长、定制化程度高、复杂程度高的大型产品、系统、控制单元。此外，从产业发展的角度分析，国家在促进复杂产品系统所属行业发展的过程中，瞄准世界先进水平，实施一系列重大举措，拉动产品需求。因此，复杂产品系统企业以技术领先作为企业定位培育差异竞争的能力将会保持企业的快速增长优势。②市场多元。Khanna 和 Palepu（1997）与 Lee 和 Peng（2008）运用制度理论对转型经济条件企业的多元化行为进行研究，指出在转型经济或新兴经济国家，企业的发展在很大程度上依赖于非市场资源的获取，企业通过最大限度地使用资金、人才等通用性资源，以实现各种经营运作的协同效应。随着中国市场经济的不断改革，传统处于垄断行业的复杂产品系统企业也逐渐面临日益激烈的市场竞争，企业为了谋求长远发展，也逐渐以市场多元带动企业的发展。③敏捷生产。敏捷生产是指在连续变化且不可预期的竞争环境中，通过定制化设计的产品和服务，以及快速而有效的反应适应初始变化，以使企业得以生存与成功的制造范式（石磊，2007）。复杂产品系统属于研发周期较长的产品，而以模块化和信息化为主要特征的全球化产业链生产模式，使敏捷化的复杂产品系统生产成为其在市场竞争中形成竞争力的一大优势。

下面通过案例资料对上述市场控制力要素中的差异竞争能力技术领先、市场多元和敏捷生产的内涵进行阐释。

（1）技术领先。大连机车秉承"技术立企，质量取胜"的经营管理方针，健全技术研发体系，1994 年成为国家级企业技术中心，拥有企业博士后科研工作站。2012年，公司为适应市场需求，在大功率交流电力机车、内燃机车技术平台基础上，新开发研制了 160 千米/小时的大功率交流客运电力机车、9 600 千瓦八轴大功率交流货运电力机车、4 400 马力交流内燃调车机车和 HXN3 优化型大功率交流内燃机车等一系列具有世界先进水平的最新产品，为中国铁路发展做出新贡献。

（2）市场多元。大连机车以国铁市场为主体，大力拓展国内外、路内外、业内外的相关多元市场。大连机车的市场多元策略主要表现为六个方面：第一，努力把握原铁道部引进消化吸收再创新工作的政策与发展形势，快速推出具有自主知识产权的、适应市场需求的新产品，争取更多的国铁市场订单；第二，针对各地区、各行业不同市场的潜在需求，加大对地方铁路及大型、特大型企业的重点跟踪走访，努力开拓新市场；第三，加强与客户的沟通与联系，争取更多的内燃机车国际市场订单，电力机车、城轨、柴油发电机组尽快实现出口为零的突破；第四，重点突破城轨车辆市场，跟踪市场信息，完善营销网络；第五，努力拓宽柴油机产品市场领域，开拓船用主（辅）机、发电机组、核电发电机组、燃气发电机组等市场，为柴油机产业发展打开新局面；第六，以锻造产品为主，强化铸造、锻压和机械加工产业链，积极承揽高技术含量的铸锻件产品，尽快形成机械重工产业。例如，2009 年，大连机车在巩固国铁市场的基础上，千方百计地开拓路外市场，确保了路外电传动机车 60% 以上的市场份额；柴油机首次独立成套打入中国核电市场，取得突破性成果；在国际市场上，相继与新西兰、印度、蒙古等国签订了机车供货合同，特别是出口新西兰机车合同的签订，标志着大连机车的产品开始进入发达国家市场。

（3）敏捷生产。在访谈中，大连机车的刘会岩总工程师也特别强调，"公司的核心能力更多地体现在如何快速应对市场，拼的是敏捷的集成能力"。为了持续提升生产管理水平，大连机车致力于生产系统的创新管理，在灵活应用网络技术基础上，对机车总装、车体钢结构、转向架等大型关键生产工序采用联系滚动的二级网络排产计划，并通过动态监控、适时进行计划修正，实现计划和实际作业动态管理，提高大型部件配套生产的协调性、稳定产量、加快生产进度。

2009 年，大连机车的内燃机车、电力机车、城市轨道车辆、船用柴油机等众多产品生产齐头并进，铁道部购机车任务量的不确定性等大量不利因素，给生产组织带来巨大压力，特别是和谐 N3 型内燃机车、和谐 D3B 型庞巴迪电力机车两大新品的批量生产，不仅与和谐 D3 型电力机车连续大批量生产形成能力冲突，也使相关技术服务、质量保证、国内外原材料、配件供应等都面临不同程度的持续挑战，生产系统处于十分苛刻的生产环境中。为完成全年生产任务，提高机车制造的敏捷性，公司制定多样有效的生产应对措施。例如，对电力机车变压器、驱动装置等大型部件进行持续的能力平衡，实现了全年生产任务的有效控制。针对大量因生产准备带来的物料存放场地告急的特殊情况，果断采取厂外存放的应急措施，精心制订存放、发送方案，最多发出厂外存放的和谐 D3 型机车主变压器 45 台、驱动装置 50 台，庞巴迪机车主变压器、驱动装置各 10 台，大大缓解了厂内作业场地的紧张局面。公司在机车车间总装生产能力高度紧张的特殊情况下，制定了修理和制造分公司分担自销机车总装生产任务特别措施，从 2009 年 8 月开始，修理和制造分公司全年总计承担 8 种型号 18 台自销机车的总装、水阻工序作用，缓解了和谐 N3 型内燃机车总装生产线的紧张局面。为解决和谐 D3 型、和谐 D3B 型电力机车车体钢结构生产能力的冲突，在公司领导的大力支持下，在车体车间和配件分厂积极协助下，快速实施在配件分厂异地生产和谐 D3B 型车体钢结构新方案，制定细致的作用过程安排，取得显著效果。

3. 客户价值链管理能力

随着互联网的迅猛发展，市场的不断成熟，产品和服务的差异也逐渐缩小。在复杂产品系统行业，产品同质化趋势也日趋增强。因此，掌握客户需求、加强与客户的关系，有效发掘客户资源，提升客户价值链管理能力成为复杂产品系统集成商获取市场竞争优势的关键。已有学者从不同的角度将客户价值链分解为不同的环节与阶段（王健康和寇纪淞，2002），本书从产品创新的角度分析复杂产品系统集成商的客户价值链管理，结合相关文献及案例资料将其分解为客户需求导向、互赖权力结构和价值共创界面三个方面：①客户需求导向。复杂产品系统具有高度定制性，因此最终用户定制化的需求或者潜在的需求成为复杂产品系统创新的主要原动力，企业通过对市场信息的高效率处理和研判，前瞻性地抓住市场需求蕴涵的商机，从而在企业资源禀赋的约束条件下，确定产品开发的目标和方向。在产品概念设计阶段，用户一般会从功能方面定义产品形态或设计要求，系统集成商则根据用户的要求提出产品初步解决方案。②互赖权力结构。由于产品或者系统本身的复杂性及技术进步等因素，用户往往也很难具体描述产品的最终形态，在这种情况下，系统集成商则会在客户提出的模糊性产品需求概念的基础上引入新的技术或新的设计理念，从而传递给客户一套创新型解决方案（Scholz et al.，2010）。由此，在复杂产品系统开发过程中，由双向的"资源依赖"与"概念开发依赖"共同决定的买卖双方权力大小的相互依赖关系，界定为"互赖权力结构"。③价值共创界面。系统集成商与用户从产品创新性概念设计到产品交付使用的全过程中，围绕产品需求、系统功能及技术标准等实现的产品价值开发与协同创新，构成系统集成商在客户价值链管理过程中的价值共创界面。

下面通过案例资料对客户价值链管理要素中的客户需求导向、互赖权力结构与价值共创界面的内涵进行阐释。

（1）客户需求导向。2000 年 11 月 20 日，大连机车向伊拉克出口 30 台东风

10F1 型电传动客货运内燃机车及其相应配件、专用工具和设备。然而，伊拉克地处高温、高风沙地区，大连机车研制的东风系列内燃机车不能完全满足伊拉克铁路的需求，因此大连机车根据伊拉克的地区环境及用户要求在东风 10F 型电传动客货运内燃机车的基础上对产品设计进行了改进与创新，如表 6.8 所示。

表 6.8　大连机车基于客户需求导向的东风 10F1 型电传动客货运内燃机车设计

伊拉克铁路特殊性需求	基于需求导向的产品概念设计
伊拉克环境温度为−10~55℃	冷却装置采用胀管式强化散热器，高、低温水系统分别为 10 组合 34 组散热器，并增设膨胀水箱水位低停机包含、冷却水温低不能起保护装置
伊拉克地处高风沙地区	空气滤清器由波纹滤网、旋风滤清器、纸滤器三级过滤构成，并增设空滤进气阻力超过规定值时的报警装置、空气压力低时不能启动车的保护装置，通风机进气采用带强迫抽气功能的过滤系统，牵引电动机通风机的故障保护和动力室隔墙门未关紧报警装置
伊拉克机车轴重规定为 20±3%吨	机车各部分充分考虑减重，并符合伊拉克铁路度机车限界的规定
伊拉克使用的燃油含硫量高	机车设计注重硫酸腐蚀问题

资料来源：作者根据大连机车 2002 年统计年鉴整理

（2）互赖权力结构。2005 年 9 月 1 日，大连机车与美国 EMD 公司获得了铁道部 300 台大功率交流传动内燃机车联合设计合同。2006 年在该合同执行过程中，大连机车与 EMD 公司相关人员多次赴铁道部联合办公室向铁道部专家汇报机车的总体布置、部件布置及技术性能等方面的情况，铁道部专家在此基础上向 EMD 公司提出了多种建议方案，EMD 公司基本接受了大部分的改进方案，并签署了北美设计联络会会议纪要。该纪要的签署表明大连机车与 EMD 公司联合负责的大功率交流传动货运机车的设计方案基本得到铁道部的认可，也表明了双方之间在产品设计过程中存在的互赖权力。

（3）价值共创界面。2007 年 5 月，大连机车与刚果（金）签订了两台 CKD$_5$ 型机车的采购合同。该机车是为刚果（金）研制开发用于矿山地区的跳车作用和小运转作业机车。获取项目订单后，公司派出"技术专家"与销售工程师一起，与刚果（金）进行反复沟通，针对刚果（金）高温、多雨、高湿度的特殊气候环境，提交初步的解决方案。该项目于 2008 年 5 月底完成全部施工图设计，8 月底完成总装、试验并下线。在经过刚果（金）方面验收人员考核后，对机车各项指标均表示满意。2009 年 10 月该机车微机系统经过现场观察和实际运用，微机系统运行良好，但现场运用中，机车辅助发电、机车高手柄运行、机车警惕装置及速度等出现一些问题。大连机车由一位技术总工程师负责建立起应急小组，赶赴刚果（金）对现场出现的上述问题逐一进行解决。

调查统计与案例分析得出复杂产品系统市场控制力维度包含的三个关键要素及内涵结构，如图 6.1 所示。

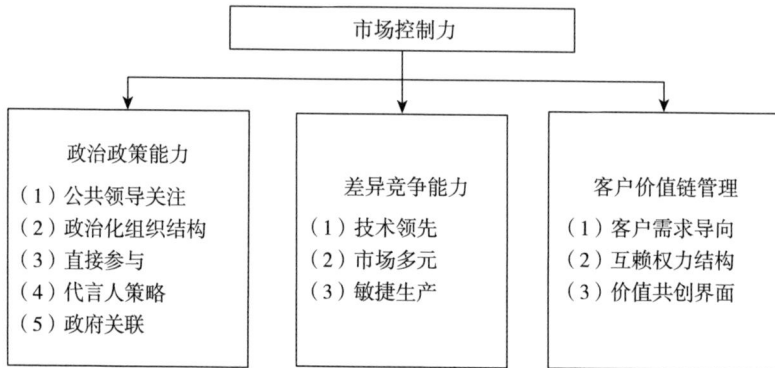

图 6.1　复杂产品系统创新市场控制力要素解析

6.2　市场控制力演化特点

6.2.1　模型构建

1. 复杂产品系统创新市场控制力函数

以大企业竞争力的"双能力"模型为依据（唐晓华和徐雷，2011），本书认为对复杂产品系统集成商而言，获取市场控制力要面对市场中三方面的因素，即政府、竞争者和客户，因此，复杂产品系统集成商的市场控制力包含三个关键能力，即应对政府的能力、应对竞争者的能力和应对客户的能力。本书 6.1 节研究得出复杂产品系统创新的市场控制力包括政治策略能力、差异竞争能力和客户价值链管理能力三个关键要素，其中，政治策略能力包括公共领导关注、政治化组织结构、直接参与、代言人策略和政府关联；差异竞争能力包括技术领先、市场多元和敏捷生产三个要素；客户价值链管理能力包括客户需求导向、互赖权力结构和价值共创界面三个要素。从市场控制力三个关键要素的内涵理解可以得出政治策略能力即为应对政府的能力，差异竞争能力即为应对竞争者的能力，客户价值链管理能力即为应对客户的能力。因此，本书认为复杂产品系统创新市场控制力就是由政治策略能力、差异竞争能力和客户价值链管理能力构成的，在不同类型的产业和不同的国家或地区中，这三种能力在市场控制力中所占的比重是不同的，我们利用柯布-道格拉斯函数设置的复杂产品系统创新市场控制力构成函数如下：

$$C = C_1^{\alpha} C_2^{\beta} C_3^{\gamma} \tag{6.1}$$

其中，C 表示复杂产品系统企业市场控制力；C_1 表示政治策略能力，即企业应对政府的能力，C_2 表示差异竞争能力，即应对竞争者的能力；C_3 表示客户价值链管理能力，即企业应对客户的能力。企业通过整合运用自身资源获取这三方面的能力，但要面对一定的约束条件，即有

$$kC_1 + hC_2 + fC_3 = R \qquad (6.2)$$

其中，R 源于企业的经济利润，即企业在支付了各种生产要素成本后的剩余利润，因此企业有 R 的产品开发资源可以分配给三种能力 C_1、C_2 和 C_3，当然，企业规模越大，其 R 就越大；$k,\ h,\ f \in (0,\ +\infty)$，衡量的是企业获取这三种能力的困难程度，取值越大，困难程度就越大，取值越小，困难程度相对就越小。因此，企业的问题是在资源约束条件下实现市场控制力最大化。

解这个最优化问题，我们可得

$$C_1 = \frac{\alpha}{k(\alpha+\beta+\gamma)}R \qquad (6.3)$$

$$C_2 = \frac{\beta}{h(\alpha+\beta+\gamma)}R \qquad (6.4)$$

$$C_3 = \frac{\gamma}{f(\alpha+\beta+\gamma)}R \qquad (6.5)$$

令 $\alpha+\beta+\gamma=1$，有 $C_1 = \alpha R / k$，$C_2 = \beta R / h$ 和 $C_3 = \gamma R / f$，即企业分别把资源 R 的 α、β 和 γ 部分投入三种能力的构建中。此时，可以看出，当 $k>1$ 时，企业获得的政治策略能力要比其为获得此能力所投入的资源少，因此，我们说企业获取这种能力的资源利用效率是较低的；当 $k<1$ 时，企业获得的政治策略能力要比其为获取此能力所投入的资源大，因此，我们说企业获取这种能力的资源利用效率是较高的。同样的道理也适用于企业对差异竞争能力和客户价值链管理能力的获取。

2. 复杂产品系统集成商市场控制力函数与新产品开发

假设某复杂产品系统产业的市场上有 n 家企业，在第 t 期第 i（$i \in [1,\ n]$）家企业把资源用于获取三种能力后，则理论上企业所能达到的最大市场控制力如下：

$$C_{t,\max}^i = \left(\frac{\alpha}{k}\right)^\alpha \left(\frac{\beta}{h}\right)^\beta \left(\frac{\gamma}{f}\right)^\gamma R_t^i \qquad (6.6)$$

现实经营中，企业的最大市场控制力受到两个因素的限制：一是企业并不知道真实的 α、β 和 γ 值，只能按照自己的估计分配资源；二是企业在短期内并不拥有完全的计算能力，无法准确得知将多少资源分配给三种能力。由此，我们得

出企业的实际市场控制力如下：

$$C_t^i = \left(\frac{\alpha_i}{k}\right)^\alpha \left(\frac{\beta_i}{h}\right)^\beta \left(\frac{\gamma_i}{f}\right)^\gamma \qquad (6.7)$$

其中，α_i、β_i 和 γ_i 分别表示企业估计出的 α、β 和 γ 值，企业按照这一比例分配其市场资源以获取三种能力。在这里，我们令 $\omega^* = \left(\frac{\alpha}{k}\right)^\alpha \left(\frac{\beta}{h}\right)^\beta \left(\frac{\gamma}{f}\right)^\gamma$ 和 $\omega^i = \left(\frac{\alpha_i}{k}\right)^\alpha \left(\frac{\beta_i}{h}\right)^\beta \left(\frac{\gamma_i}{f}\right)^\gamma$，于是企业所获取的最大市场控制力和其真实的市场控制力分别为

$$C_{t.\max}^i = \omega^* R_t^i \qquad (6.8)$$

$$C_t^i = \omega^i R_t^i \qquad (6.9)$$

令企业的利润是其所获取的市场控制力的函数，我们令企业 i 在第 t 期的利润为

$$\pi_t^i = \frac{\min(\omega^* - \overline{\omega}^j)}{\overline{\omega}^* - \overline{\omega}^i} f(C_t^i) \quad (i,j=1,2,3,\cdots,n) \qquad (6.10)$$

其中，$\min(\omega^* - \omega^j)$ 为 n 家企业中 $\overline{\omega}$ 与 ω^* 值的最小差距；$\omega^* - \omega^i$ 表示第 i 家企业的 $\overline{\omega}$ 值与 $\overline{\omega}^*$ 值的差距。并且，令 $f'(\cdot)>0$，$f''(\cdot)>0$。

令企业在第 t 期获取的利润为下一期的资源 R_{t+1}，即 $R_{t+1}=\pi_t^i$ 　　(6.11)

联立式（6.8）~式（6.10），得到第 i 家企业第 t 期和第 t+1 期的资源间的关系式如下：

$$R_{t+1}^i = \frac{\min(\omega^* - \omega^j)}{\omega^* - \omega^i} f(\omega^i R_t^i) \quad (i,j=1,2,3,\cdots,n) \qquad (6.12)$$

我们将此作为典型复杂产品系统企业的新产品开发函数，并据此画出典型企业的产品开发曲线，如图 6.2 所示，横轴代表第 t 期拥有的资源，纵轴代表第 t+1 期拥有的资源，T 点（新产品开发曲线与 45 度线的交点）是典型企业的最低新产品开发临界点，只有企业初始资源大于 T 点所代表的资源，企业才能不断开发新产品。因此，T 点可以看做企业的最低新产品开发临界点。

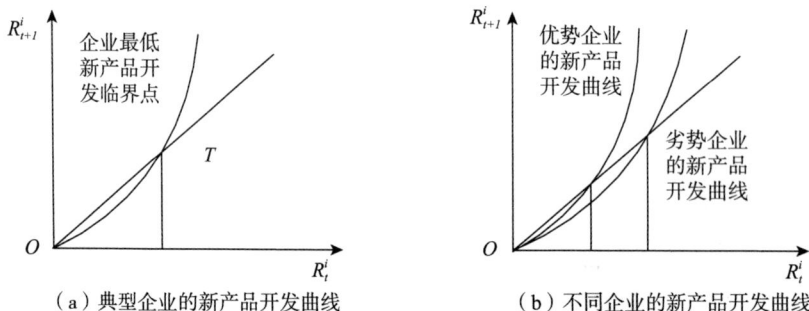

（a）典型企业的新产品开发曲线　　　　（b）不同企业的新产品开发曲线

图 6.2　复杂产品系统企业新产品开发曲线

由于企业是不清楚真实的 ω^*，仅依据自身的判断估计 ω 值，因此，每家企业的 ω 值都是不同的，估计值越接近真实值的企业，其产品创新的优势就越大。假设有这样两家企业，其中一家的 ω 估计值更接近真实值。那么依据式（6.12），该家企业的新产品开发曲线就比另一家企业的新产品开发曲线更靠近纵轴，如图 6.1（b）所示，在初始资源相同的条件下，该家企业的新产品开发速度就更快，在市场竞争中的优势就更加明显。此外，优势企业的最低新产品开发临界点要低于劣势企业，这也使优势企业更容易成为行业新型产品的领导者和开拓者。当然，劣势企业也会不断学习并对 ω 值进行调整，并且函数 $f(\cdot)$ 本身也可能不断变化，因此，劣势企业也有成为优势企业的机会，我们在此不进行深入的探讨。

6.2.2　模型分析

通过上述分析可以看出，复杂产品系统企业市场控制力的获取及三种能力的持续增长都取决于 R、k、h、f、α、β 和 γ 这几个参数值的大小，那么 $kC_1 + hC_2 + fC_3 = R$ 中 R、k、h、f、α、β 和 γ 的大小都受哪些因素影响呢？下面我们分别进行讨论。

1. R、k、h、f 值的影响因素

（1）R 的影响因素。R 是企业用于获取三种市场控制能力的资源，它来源于企业经营所获取的经济利润。如果企业在第 $t+1$ 期获得的经济利润足以弥补其第 t 期付出的资源，那么企业的市场控制能力将加强。根据上述分析，R 值的大小能够影响企业市场控制力的大小，并且对企业是否能够持续实施新产品开发战略具有重要作用。

（2）k 的影响因素。k 是复杂产品系统制造企业获取政治策略能力的资源分配系数。其影响因素主要有以下两点：①复杂产品系统企业的所有制形式是影响 k 值的一个重要因素。国有企业因有政府投资或参与控股，因此，其在获取政府支持、洞悉产业政策发展趋势及培育具有潜在发展前景的产品项目方面就更容易取得事半功倍的效果，所以其 k 值较低，相对来讲，民营企业的 k 值较高；②企业高管社会资本也是影响 k 值的重要因素。当企业高管具有很强的社会关系网络，尤其是与政府相关部门的关系较为深厚时，则会通过私下的人际关系获取产品发展的相关信息，对生产周期很长的复杂产品系统而言，能够及早获取产业发展信息确定研发项目，在争取市场订单的竞标中获胜的机会就越大，其 k 值就会远小于那些高管社会资本相对薄弱的企业。

（3）h 的影响因素。h 是复杂产品系统制造企业获取差异竞争能力的资源分配系数。其影响因素主要有以下三点：①市场结构特征。完全垄断市场中 h 值较低，完全竞争市场中 h 值则较高，对复杂产品系统制造企业而言，在其发展的最初阶段，

一般都是由政府控制的完全垄断市场，而发展到现阶段，虽然属于垄断竞争市场，但市场竞争的激烈程度依然很高。②市场需求的饱和度。如果产品的需求市场是有限的，即购买方的数量或者产品需求的总量是有限的，那么当企业能够获取较多数量的订单时，其h值就会降低。因此，企业要通过多元化产品开发战略降低h值，以求比竞争对手做得更好。③企业自身的竞争力也是影响h值的重要因素。当企业的规模及综合实力在同行业中处于领先地位时，其在争取市场订单的竞标中获胜的机会就越大，其h值就会远小于那些竞争力相对较弱的企业。

（4）f的影响因素。f是复杂产品系统制造企业获取客户价值链管理能力的资源分配系数。其影响因素主要有以下两点：①企业所开发的新产品的创新性程度是影响f的一个重要因素。我们将产品的创新性程度分为"企业新"、"国内新"和"国际新"三个等级，对复杂产品系统的客户而言，他们更倾向于使用性能稳定、质量可靠且技术先进的产品，因此，如果复杂产品系统制造企业仅能生产"企业新"的产品，那么其f值就会较低，相对来讲，能够研制"国内新"和"国际新"的产品则更容易满足客户的需求，相应的f值较高；②企业自身的营销管理模式是影响h的重要因素。当企业非常重视营销管理，并以客户需求为营销导向时，能够有效适应外部环境及客户的不同需求，其f值就会降低，反之，其f值就会提高。对复杂产品系统制造企业而言，其在不同时期的营销管理模式是不同的，这一点可通过5.2节中对价值链分解权的演化分析得以证实。

2. α、β和γ的影响因素

在复杂产品系统市场控制力构成函数中，α、β和γ分别是政治策略能力、差异竞争能力和客户价值链管理能力在企业市场控制力中所占的权重，且有$\alpha+\beta+\gamma=1$。那么，三种能力的权重受什么影响，或者说企业在经营中更看重哪种能力呢？下面我们探讨α、β和γ的影响因素。

基于本书构建的复杂产品系统企业市场控制力模型，我们有这样的思考，就不同的企业而言，如果一个企业的α值很高的话，则说明企业应对政府的能力很强，也就是说企业要运用很大的资源去维系和管理与政府的关系，而在资源总量一定的条件下，企业分配到差异竞争能力和客户价值链管理能力中的资源相对较少。同理，适用于β值和γ值很高的情况。我们有这样的判断，以飞机、造船和机车等为代表的复杂产品属于关系国家经济命脉的支柱产业，多具有百余年的历史，自新中国成立至今经历了不同的发展阶段，我们认为企业发展的生命周期影响三种能力的权重。对复杂产品系统企业而言，在企业发展的初期，多由政府管控经营，市场垄断性较强，因此企业分配给差异竞争能力和客户价值链管理能力的资源权重都较低，企业在这一阶段的主要任务是按订单分配生产产品满足客户的需求，因而应对客户能力权重相对较高。随着国有企业体制变革的推进，企业的产品开发项目不再由政府直

接管制，而是企业根据市场需求及相关政策培育具有市场发展前景的产品项目，此时企业发展逐步进入成长期，在更加激烈的市场环境下，企业逐渐提升其应对竞争能力的权重，随着市场需求的日趋饱和，企业发展也逐步进入成熟期，为了能够争取市场订单，企业通过客户价值链管理能力的资源分配权重培育自身的竞争优势，把握行业发展趋势，以适应产业发展的需求（图 6.3）。此外，国家的经济体制、文化、历史、经济发展水平也会影响三种能力的权重。

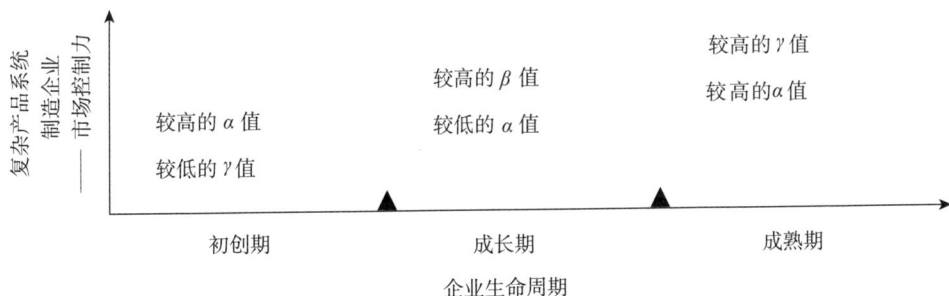

图 6.3　企业生命周期对 α、β 和 γ 值的影响

如图 6.3 所示，决定市场控制力的三种能力的权重分配在企业发展的不同阶段有不同表现。下面我们以中国机车车辆业为例说明企业生命周期对 α、β 和 γ 的影响。1949~1985 年，机车车辆工业企业厂名前都冠"铁道部"名，管辖者都是政府的行政部门，各机车企业的产品开发项目由国家投资，且由铁道部下发各类文件确定新产品开发的内容及生产数量，机车企业的主要任务就是通过技术改造、改扩建工程及购置自制改造设备等完成技术积累和平台建设，因此，企业完全受政府（铁道部）管控，基于本书对复杂产品系统企业的政治策略能力的理解，这一能力不但包括应对政府支持的能力还包括应对政府管控的能力，所以，这一阶段有较高的 α 值，而在完全计划经济的市场环境下，市场需求是相对稳定的，因此 γ 值较低。1986~2000 年，"铁道部工业总局"正式改为纯企业性的"铁道部机车车辆工业总公司"，总公司对所属厂所不再是纯行政管理，铁道部对机车产品实行招标采购，指令性生产计划逐渐缩小。在新的市场竞争环境下，机车企业多采取"保指令、争招标、盯准路外市场多自销"的经营策略，因此，企业差异竞争能力占据更大的权重，有较高的 γ 值，相应 α 值较低。2000 年，中国铁路机车车辆工业总公司改组为中国北方机车车辆工业集团公司和中国南方机车车辆工业集团公司，并与铁道部脱钩，形成两家竞争的机车车辆市场。随着市场环境的复杂性、不确定性和竞争激烈程度的增强，复杂产品系统企业通过提升客户管理能力，为客户提供技术性能高、创新性强的定制化产品则将成为形成其市场控制力的关键因素，因此，在复杂产品系统行业发展至成熟阶段时，客户价值链管理能力在企业资源分配中占据更大的比重，因此有较高的 γ 值。

6.2.3 结果讨论

本节在 6.1 节研究的基础上为复杂产品系统企业的市场控制力构建了一个简单的理论模型，以说明企业获取政治策略能力、差异竞争能力和客户价值链管理能力对产品创新的影响作用，也通过新产品开发曲线阐明了不同企业市场控制力的差异。本书通过探讨 k、h 和 f 三个参数的影响因素，分别说明了企业获取三种能力的途径，并通过探讨 α、β 和 γ 影响因素，强调了复杂产品系统制造企业通过资源配置的最优化以获取最大可能的市场控制力的重要性，并说明由于市场环境、企业性质及市场结构等因素的不同，市场控制力的三个能力维度在企业生命周期不同阶段的表现及演化特点。政治策略能力表现为由强到弱的变化趋势，差异竞争能力和客户价值链管理能力均表现为由弱到强的变化趋势。

不同企业对自身发展阶段的判断是不同的，其资源分配率的差异导致企业的市场控制力不同，进而导致企业的新产品开发战略和路径不同。从我们的研究结果可以探讨，企业通过发展和维护与政府的关系，得到更多的支持，通过产权保护、获取廉价资源等增加企业的资源总量，能够在降低 α 值的同时推动整个国家复杂产品系统制造业创新控制力的提升。当然，更深入的问题需要建立一个由企业和政府构成的双主体演化博弈模型分析复杂产品系统行业的整体市场资源分配率。

6.3 本 章 小 结

本章主要在前面研究框架的基础上，从静态视角探索并分析复杂产品系统创新市场控制能力维度的关键要素，并从动态视角分析三个要素的演化特点。首先运用案例法和调查统计法相结合的方法，分析复杂产品系统创新市场控制力的三个关键要素，即政治策略能力、差异竞争能力和客户价值链管理能力。在此基础上利用柯布-道格拉斯函数设置的复杂产品系统企业市场控制力构成函数为 $C = C_1^{\alpha} C_2^{\beta} C_3^{\gamma}$，$C$ 表示企业市场控制力；C_1 表示政治策略能力，即企业应对政府的能力；C_2 表示差异竞争能力，即企业应对竞争者的能力；C_3 表示客户价值链管理能力，即企业应对客户的能力。通过对函数的分析及各参数影响因素的分析阐释复杂产品系统制造企业获取市场控制力的途径，以及控制力三个关键要素在企业生命周期过程中的演化特点，即市场控制力总体呈增长趋势，其中政治策略能力在市场控制力中的权重表现为由强到弱的演化趋势，差异竞争能力和客户价值链管理能力在市场控制力中的权重均表现为由弱到强的演化特点。

第 7 章　结论与展望

7.1　研　究　结　论

早在 20 世纪 90 年代西方学术界提出复杂产品系统这一概念之前，这一类型的小批量定制化的重大技术装备制造业的发展与创新管理也早已得到国家、企业乃至学术界的高度重视，其发展水平和规模直接关系到国民经济运行的质量和效益。国家经济贸易委员会行业规划司强调中国复杂产品系统制造业在前沿技术开发、核心技术控制、创新控制力及管理服务水平等方面存在劣势，而国外复杂产品系统制造业的技术创新控制力及管理服务能力等则成为比拼中国复杂产品系统制造企业的核心竞争力。中国如再不重视复杂产品系统制造业创新的研究，不仅会面临经济全球化趋势下的巨大竞争压力，同时也会影响整个国民经济的发展方向、规模、速度和质量。Hobday（1996）之所以提出复杂产品系统这一概念，是因为复杂产品系统创新对创新理论提出了挑战，传统的创新理论已经不能很好地解释和指导复杂产品系统制造业的创新管理与实践，尤其是国内复杂产品系统制造业在技术创新及创新管理等方面较西方发达国家而言仍处于引进模仿跟随阶段，西方已有的关于复杂产品系统创新的相关理论也不能完全适用并指导中国复杂产品系统制造企业的实践活动。那么在中国情境下，复杂产品系统制造业的关键创新控制力有哪些？这些关键创新控制力具有怎样的特征与发展规律？为此，本书围绕"控制力视角下复杂产品系统集成商创新能力有哪些？复杂产品系统集成商创新控制力的结构维度如何？各结构维度的关键构成要素在促进复杂产品系统创新绩效中的内在关系，以及在企业发展的不同阶段具有怎样的演化特点？"这些核心问题，在大量调查和研究中国复杂产品系统制造企业的基础上，结合理论研究、案例研究、问卷统计研究及数学模型等多种方法，试图构建复杂产品系统集成商创新控制力结构维度模型，并从静态视角揭示复杂产品系统集成商创新控制力结构维度所包含的关键要素，并从动态视角剖析复杂产品系统集成商创新控制力各结构维度在企业不同发展阶段中的演化特点。研究主要得出以下四个结论。

（1）构建复杂产品系统集成商创新控制力三维度模型，通过案例嵌入式调查统计分析,识别出复杂产品系统集成商在产品创新过程中的三个创新控制力维度,即核心技术控制力、创新网络控制力和市场控制力。

结构维度一是核心技术控制力,这一结构维度是指系统集成商在组织、协调与管理复杂产品系统项目研制与创新过程中,所应具备的主导产品概念设计与开发,并在自身技术平台基础上对产品模块进行组合集成并实现产品创新的能力。通过探索性多案例研究,得出复杂产品系统创新核心技术控制力的三个关键要素,即自主产品价值、技术体系平台和组合集成创新。其中,自主产品价值的内涵包括"以我为主的概念设计"和"以我为主的生产管理"两个子要素,在解释复杂产品系统集成商如何传递产品价值的同时,强调以我为中心的自主产品定位,价值传递的载体包括产品概念的设计以及产品实体的生产。技术体系平台的内涵包括"前瞻性技术研发"、"模块化平台搭建"和"移植式平台界面"三个子要素,前瞻性技术研发能够支撑研发一代的技术体系,模块化平台搭建可支撑生产一代的技术体系,而移植式平台界面能够为研制一代的产品提供技术保障。组合集成创新的内涵包括"基于先进技术的学习"和"基于国内外资源的整合"两个子要素,系统集成商可在全球范围内选择并引进产品开发所需的先进技术,各种技术相互依赖的本质强化了系统集成商的控制角色,一方面需要系统集成商能够有效地协调和控制技术集成的过程,管理项目各个独立组织之间的并行工程,另一方面,系统集成商需要通过掌握各模块的一些关键技术、信息、接口技术、运行原理实现对整个项目和核心技术的控制。

结构维度二是创新网络控制力,复杂产品系统创新网络控制力的三个关键要素及六个子要素如下:由模块外包和资源匹配构成的价值链分解权,由协调与控制和自组织网络构成的多组织协同控制能力,以及由技术获取和知识吸收组成的交互式组织学习能力。从研究结果来看,交互式组织学习能力、价值链分解权能力和多组织协同控制能力三个维度的情境化特征较为明显,也就是反映出以复杂产品系统为主的大型装备制造企业创新网络控制力内涵及维度的特殊性。从内涵分析可以看出,创新网络控制力是一个组合,各结构维度随着企业的发展与环境变化而演进和调整,所以,复杂产品系统企业应对其进行动态性的管理。

结构维度三是市场控制力,这一维度是指系统集成商组织、协调与管理复杂产品系统项目研制与创新过程中,应对市场中的三大主体政府、客户与竞争者的能力。通过多案例嵌入式调查统计法得出,复杂产品系统创新市场控制力的三个关键要素为政治策略能力、差异竞争能力和客户价值链管理能力。其中,政治策略能力包括公共领导关注、政治化组织结构、直接参与、代言人策略和政府关联;差异竞争能力包括技术领先、市场多元和敏捷生产三个子要素;客户价值链管理能力包括客户需求导向、互赖权力结构和价值共创界面三个子要素。

(2)动态视角下复杂产品系统创新核心技术控制力的三个关键要素在企业发

展过程中分别表现出遗传、变异和选择机制的演化特点。

首先，自主产品价值战略基于市场层面的客户需求识别和以我为主的产品概念设计，依靠订单式产品要求和集成商主导角色会激发核心技术控制力的选择性演化。系统集成商控制全流程产品开发过程在全球范围内建立战略联盟时，通过选择了解和逐步掌握各模块的一些关键技术、信息、接口技术、运行原理等，实现企业在核心技术的范畴、领域及方向等层面的控制力。其次，技术体系平台中表现在市场层面的同心多元化式产品开发和渗透式市场细分引导着核心技术控制力的遗传性演化，增强了企业基于相同领域的核心技术控制力的宽度和深度。同时，复杂产品系统的技术体系平台强调对技术的系统规划和标准化管理，对技术数据与经验进行持续的记录、归纳、修改，并强调在相同平台上开发出系列产品。最后，组合集成创新通过集成全球范围内的先进技术和企业内部技术支撑着企业的技术能力向更高层次提升，通过相关多元化经营策略促进了核心技术控制力的变异性演化，增强了基于不同领域的核心技术控制力的差异性，这一过程中产品平台所发挥的作用有着本质的区别，即表现为产品系统层次上的技术整合。

（3）动态视角下复杂产品系统创新网络控制力的三个关键要素在企业发展过程中的主导作用及变化趋势和速度表现出不同的演化特点。

根据相关文献及案例资料设计创新网络控制力三个关键要素的构念测度方法，并在以网络化组织为标准划分企业发展不同阶段的基础上，测量三个结构维度的演化特点，即创新网络控制力伴随着企业的发展与成长呈递增状态；在企业发展的不同阶段，创新网络控制力三个关键要素在创新网络控制力构成中的主导作用不同；在企业发展的不同阶段，三个结构维度的变化趋势和速度不同，在企业发展的第一阶段，企业的创新网络控制力主要表现为交互式组织学习，进入第二阶段，多组织协同控制能力相对第一阶段有了很大提高，该阶段企业的交互式组织学习能力也有进一步的提高，在企业发展的第三阶段，企业的创新网络控制力主要表现为多组织协同控制能力。

（4）动态视角下复杂产品系统创新市场控制力的三个关键要素的权重在企业发展过程中表现出不同的演化特点。

利用柯布-道格拉斯函数设置的复杂产品系统集成商市场控制力函数为 $C = C_1^{\alpha} C_2^{\beta} C_3^{\gamma}$，$C$ 表示企业市场控制力；C_1 表示企业政治策略能力；C_2 表示差异竞争能力；C_3 表示客户价值链管理能力。通过对函数的分析及各参数影响因素的分析阐释复杂产品系统集成商获取市场控制力的途径，以及市场控制力三个关键要素在企业发展过程中的演化特点，即政治策略能力在市场控制力中的权重表现为由强到弱的演化趋势，差异竞争能力和客户价值链管理能力在市场控制力中的权重均表现为由弱到强的演化特点。

7.2　局限与展望

本书基于控制力视角研究复杂产品系统集成商创新能力,构建复杂产品系统集成商创新控制力的三维度模型(核心技术控制力、创新网络控制力和市场控制力),从静态视角分别研究三个创新控制力维度的关键要素及其子要素,并从动态视角分析三个创新控制力在企业发展过程中的演化特点,对复杂产品系统创新领域和系统集成商的创新控制力培育与管理均具有重要意义。但由于时间及作者个人能力等方面的限制,本书仍存在一些不足之处:从动态视角分析复杂产品系统三个创新控制力的演化特点时,所选取的案例样本及研究方法不同,因此本书未考虑观察三个创新控制力演化特点的企业发展阶段划分的一致性问题;在第 3 章提出本书控制力视角下复杂产品系统集成商创新控制力总体研究框架时,本书选择单案例嵌入式调查统计法,作为提出本书总体研究框架部分的研究方法,单案例难免也具有一定局限性;虽然本书使用的案例研究方法选取了大量异质性案例企业作为研究样本,但大连机车多次成为不同章节研究内容的案例样本,如果能够弱化重点案例的使用频次,而增加案例样本的多样性,将会进一步提高本书结论的可信度和普适性。

尽管本书对复杂产品系统集成商创新控制力问题开展了较为深入的研究,能够在一定程度上揭示复杂产品系统集成商创新控制力的维度构成与演化特点。但复杂产品系统创新领域的相关研究是一项复杂的系统性研究,由于受篇幅限制,结合本书研究思路和研究内容,以下两个方面的问题有待进一步深化和完善。

一方面,复杂产品系统集成商创新控制力的整合模型。在本书得出的复杂产品系统集成商创新控制力的结构维度中可以看出,三个控制力的内涵与所包含的关键要素有内在关联性,如核心技术控制力的"组合集成创新"维度与创新网络控制力的"多组织协同控制"维度则具有内在的关联性,又如核心技术控制力的"自主产品价值"维度与市场控制力的"差异竞争能力"维度亦具有内在关系。因此,有必要进一步整合复杂产品系统创新控制力,揭示三个创新控制力之间的内在关联与相互作用机制,建立更加完整的复杂产品系统集成商创新控制力整合模型。

另一方面,复杂产品系统创新是一个复杂的问题,除了本书所研究的核心技术控制力、创新网络控制力和市场控制力,系统集成商在组织与管理复杂产品系统项目创新过程中还需要其他的创新控制力的支撑,如战略控制力是复杂产品系统制造企业根据内外环境及可取资源,对发展目标、达到目标的途径和手段,制定相应的长期发展规划的能力。因此,有必要进一步探析控制力视角下的其他能力维度对复杂产品系统创新的影响作用,并考虑建立更为完善的复杂产品系统集成商创新控制力模型。

参 考 文 献

卜伟，谢敏华，蔡慧芬. 2011. 基于产业控制力分析的我国装备制造业产业安全问题研究[J]. 中央财经大学学报，（30）：62-66.

曹玲. 2012. 韩国企业技术创新体系建设及其启示[J]. 技术经济，31（8）：70-74.

陈继勇，胡艺. 2007. 技术创新：美国经济增长的有力支撑[J]. 求是，（8）：59-60.

陈劲，黄建樟，童亮. 2004. 复杂产品系统的技术开发模式[J]. 研究与发展管理，16（5）：66-70.

陈晓萍，徐淑英，樊景立. 2008. 组织与管理研究的实证方法[M]. 北京：北京大学出版社.

冯雪飞，董大海. 2011. 案例研究法与中国情境下管理案例研究[J]. 管理案例研究与评论，（4）：236-241.

傅家骥，姜彦福. 1992. 技术创新——中国企业发展之路[M]. 北京：企业管理出版社.

傅家骥，雷家骕，程源.2003. 技术经济学前沿问题[M]. 北京：经济科学出版社.

韩巍. 2011. 论"实证研究神塔"的倒掉[J]. 管理学报，8（7）：980-989.

洪勇，苏敬勤. 2007. 发展中国家核心产业链与核心技术链的协同发展研究[J]. 中国工业经济，（6）：38-45.

洪勇，苏敬勤. 2008. 我国复杂产品系统自主创新研究[J]. 公共管理学报，5（1）：76-83.

胡大立，张驰.2010. 基于产品的企业创新力与控制力的协同研究[J]. 当代财经，（8）：61-67.

卡尔顿 D，佩洛夫 J. 1998. 现代产业组织[M]. 胡汉辉，等译. 上海：上海人民出版社.

李春好，杜元伟. 2010. 我国科技合作项目管理机制的缺陷分析与改进对策[J]. 管理学报，7（2）：192-198.

李颖灏，彭星闾. 2007. 基于创新力与控制力动态均衡的企业持续成长路径分析[J]. 科研管理，28（4）：67-72.

李宇，高良谋，关伟. 2006. 企业控制力的视角：技术创新与企业规模的动态研究[J]. 辽宁师范大学学报（自然科学版），29（4）：486-488.

李自杰，陈晨. 2005. 市场环境，控制能力与企业产权制度的变迁[J]. 管理世界，（8）：143-148.

刘延松. 2008. 复杂产品系统创新能力研究——以能源装备制造企业为例[D]. 西安科技大学博士学位论文.

罗建原. 2009. 核心技术租金经济学分析[J]. 当代经济管理，31（9）：16-18.

茅宁，廖飞. 2006. 进入权与组织控制[J]. 南开管理评论，9（1）：17-20.

彭星闾，周晖. 2001. 企业成长机制初探——创新力与控制力的统一[J]. 财贸研究，（2）：1-4.

施振荣，萧富元. 2005. 全球品牌大战略：品牌先生施振荣观点[M]. 北京：中信出版社.

石磊. 2007. 敏捷与精敏供应链范式研究评介[J]. 外国经济与管理，9（5）：16-21.

苏敬勤，崔淼. 2011. 探索性与验证性案例研究访谈问题设计——理论与案例[J]. 管理学报，8（10）：1428-1436.

苏敬勤，刘静. 2012a. 核心技术控制力与机车车辆业自主创新：基于跨案例研究的结论[J]. 技术经济，31（10）：1-6.

苏敬勤，刘静. 2012b. 基于集成商视角的复杂产品系统创新驱动力研究[J]. 经济管理，（6）：188-195.

苏敬勤，刘静. 2013a. 案例研究规范性视角下二手数据可靠性分析[J]. 管理学报. 10（10）：1405-1409.

苏敬勤, 刘静. 2013b.复杂产品系统制造企业的动态能力演化: 一个纵向案例研究[J]. 科研管理, 34（8）: 58-67.

苏敬勤, 刘静. 2013c. 复杂产品系统中动态能力与产品创新绩效关系研究[J]. 科研管理, 34（10）: 75-83.

苏敬勤, 刘静. 2013d. 案例研究数据科学性的评价体系——基于不同数据源案例研究样本论文的实证分析[J].科学学研究, 31（10）: 1522-1531.

苏敬勤, 刘静. 2013e. 制造业自主 NPD 模式研究——基于机车产业和汽车产业的案例对比[J]. 研究与发展管理, 25（1）: 55-61.

孙继伟, 巫景飞. 2011. 论管理学界的研究方法迷失——实践迷失、客户迷失、价值迷失的继续研究[J]. 管理学报, 8（2）: 164-172.

唐晓华, 徐雷.2011. 大企业竞争力的"双能力"理论[J]. 中国工业经济,（9）: 88-97.

田志龙, 邓新明. 2007. 企业政治策略形成影响因素——中国经验[J]. 南开管理评论, 10（1）: 81-90.

王华, 赖明勇, 柴江艺. 2010.国际技术转移、异质性与中国企业技术创新研究[J]. 管理世界,（12）: 131-142.

王健康, 寇纪淞. 2002. 客户关系管理价值链研究[J]. 管理工程学报, 16（4）: 51-54.

王乐夫. 2003. 论公共领导——兼议公共领导与公共管理的关系及其研究意义[J]. 管理世界,（12）: 51-56.

王苏生, 孔昭坤, 黄建宏, 等. 2008. 跨国公司并购对我国装备制造业产业安全影响的研究[J]. 中国软科学,（7）: 55-61.

魏江, 许庆瑞. 1994. 企业技术创新机制的概念, 内容和模式[J]. 科技进步与对策, 11（6）: 37.

魏江, 许庆瑞. 1995. 企业创新能力的概念、结构、度量与评价[J]. 科学管理研究, 13（5）: 51-55.

吴贵生. 2000. 技术创新管理[M]. 北京: 清华大学出版社.

吴贵生, 王毅, 谢伟. 2002.我国企业的技术成长与管理[J]. 研究与发展管理, 14（5）: 35-40.

肖海林, 彭星间, 王方华. 2004.企业持续发展的生成机理模型: 基于海尔案例的分析[J]. 管理世界,（8）: 111-118.

谢敏. 2010. 开放市场经济条件下中国国有经济控制力研究[D]. 南开大学博士学位论文.

熊彼特 J A. 2015. 经济发展理论[M]. 郭武军, 吕阳译. 北京: 华夏出版社.

徐国详. 2003. 上海国有经济控制力定量评估与发展对策研究[J]. 财经研究,（8）: 28-33.

徐林. 2005. 寻找产业链关键控制点[J]. 市场周刊,（44）: 51.

薛文才. 2004. 从企业生命周期理论看国有商业银行创新力与控制力的平衡[J]. 金融研究,（7）: 73-79.

闫星宇. 2011. 零售制造商的模块化供应链网络[J]. 中国工业经济,（11）: 139-147.

于渤, 张涛, 郝生宾. 2011. 重大技术装备制造企业技术能力演进过程及机理研究[J]. 中国软科学,（10）: 153-164.

喻新强. 2006. 国有经济主导地位与控制力问题研究[D]. 湖南大学博士学位论文.

韵江. 2003. 竞争战略新突破: 来自低成本与差异化的融合[J]. 中国工业经济,（2）: 90-96.

张炜. 2001. 新经济时代新的创新管理范畴——复杂产品系统的创新管理[J]. 经济管理,（16）: 69-74.

张炜. 2004. 技术创新过程模式的发展演化及战略集成[J]. 科学学研究, 22（1）: 94-98.

赵永彬, 李桓, 陈龙波. 2006. 高新技术企业组织控制对技术创新选择的影响研究[J]. 科研管理,

27（3）：23-27.

周永庆，陈劲，景劲松. 2004. 复杂产品系统的创新过程研究——以 HL 公司大型电站集散控制系统为例[J]. 经济管理，（14）：4-10.

Adner R，Levinthal D. 2001. Demand heterogeneity and technology evolution：implications for product and process innovation[J]. Management Science，47（5）：611-628.

Ahuja M K，Tgatcger J B. 2003. Beyond Productivity：Information，Technology，Innovation，and Creativity[M]. Washington：National Academies Press.

Ambos B，Schlegelmilch B B. 2007. Innovation and control in the multinational firm：a comparison of political and contingency approaches[J]. Strategic Management Journal，28（5）：473-486.

Amir-aslani A，Negassi S. 2006. Is technology integration the solution to biotechnology's low research and development productivity?[J]. Technovation，26（5~6）：573-582.

Ansen K，Rush H. 1998. Hotspots in complex product systems：emerging issues in innovation management[J]. Technovation，18（9）：555-561.

Archibugi D，Michie J. 1995. Technology and innovation：an introduction[J]. Cambridge Journal of Economics，19（1）：1-4.

Asheim B T. 1996. Industrial district s as "earning regions"：a condition for prosperity[J]. European Planning Studies，4（4）：379-400.

Balachandra R，Friar J H. 1997. Factors for success in R&D projects and new product innovation：a contextual framework[J]. Engineering Management，IEEE Transactions on，44（3）：276-287.

Baysinger B，Hoskisson R E. 1990. The composition of boards of directors and strategic control：effects on corporate strategy[J]. Academy of Management Review，15（1）：72-87.

Betz F.2011. Managing Technological Innovation：Competitive Advantage from Change[M]. New York：Wiley.

Birkinshaw J，Hamel G，Mol M J. 2008. Management innovation[J]. Academy of management Review，33（4）：825-845.

Bogdan R C，Biklen S K. 1992. Qualitative research for education[A]//Glaser B G. Basies of Grounded Theory Analysis：Emergence vs. Forcing[M]. Boston：Mill Valley Press.

Boström M，Börjeson N，Gilek M，et al. 2012.Responsible procurement and complex product chains：the case of chemical risks in textiles[J]. Journal of Environmental Planning and Management，55（1）：95-111.

Brady T. 1995. Management of innovation and complex product systems[R]. Working paper prepared for CENTRIM/SPRU/OU project on complex product Systems，EPSRC technology management initiative，GR/K/31756 June.

Branzei O，Vertinsky I. 2006. Strategic pathways to product innovation capabilities in SMEs[J]. Journal of Business Venturing，21（1）：75-105.

Brusoni S，Prencipe A. 2001. Managing knowledge in loosely coupled networks：exploring the links between product and knowledge dynamics[J]. Journal of Management Studies，38（7）：1019-1035.

Burgelman R. 1996. Strategic Management of Technology and Innovation[M]. New York：McGraw Hill.

Burgelman R，Maidigue M A，Wheelwright S C.1995. Strategic Management of Technology and

Innovation[M]. New York: John Wiley.

Cagli A, Kechidi M, Levy R.2012. Complex product and supplier interfaces in aeronautics[J]. Journal of Manufacturing Technology Management, 23（6）: 717-732.

Cakar N D, Ertürk A. 2010.Comparing innovation capability of small and medium‐sized enterprises: examining the effects of organizational culture and empowerment[J]. Journal of Small Business Management, 48（3）: 325-359.

Campbell D T. 1975. Degrees of freedom and the case study[J]. Comparative Political Studies, 8（2）: 178-193.

Cantwell J, Fai F.1999. Firms as the source of innovation and growth: the evolution of technological competence[J]. Journal of Evolutionary Economics, 9（3）: 331-366.

Cao Q, Gedajlovic E, Zhang H P. 2009. Unpacking organizational ambidexterity: dimensions, contingencies and synergistic effects[J]. Organization Science, 20（4）: 781-796.

Chen S H. 2004.Taiwanese IT firms' off shore R&D in China and the connection with the global innovation network[J]. Research Policy, 33（2）: 337-349.

Cohen W M, Levinthal D A.1990. Absorptive capacity: a new perspective on learning and innovation[J]. Administrative science quarterly, 10（1）128-152.

Coombs J E, Bierly P E. 2006. Measuring technological capability and performance[J]. R&D Management, 36（4）: 421-438.

Crossan M M, Apaydin M. 2010. A multi-dimensional framework of organizational innovation: a systematic review of the literature[J].Journal of Management Studies, 47（6）: 1154-1191.

David P A. 1985. Clio and economics of qwerty[J]. American Economic Review, 75（2）: 332-337.

Davies A. 1997a. Competitive complex communications[R]. Product systems: the case of mobile IPTS report.

Davies A. 1997b. The life cycle of a complex product systems[J]. International Journal of Innovation Management, 1（3）: 229-256.

Davies A, Brady T. 1998. Policies for a complex product system[J]. Futures, 30（4）: 293-304.

Davies A, Brady T. 2000. Organisational capabilities and learning in complex product systems: towards repeatable solutions[J]. Research Policy, 29（7）: 931-953.

Davies A, Hobday M. 2005.The Business of Projects: Managing Innovation in Complex Products and Systems[M]. Cambridge: Cambridge University Press.

Ddy G S. 2000. Managing market relationships[J]. Journal of the Academy of Marketing Science, 28（1）: 24-30.

Deephouse D L. 1996.Does isomorphism legitimate?[J]. Academy of Management Journal, 39（4）: 1024-1039.

Doloreux D. 2002.What we should know about regional systems of innovation[J]. Technology in society, 24（3）: 243-263.

Dosi G, Nelson R R.1994. An introduction to evolutionary theories in economics[J]. Journal of Evolutionary Economics, 4（3）: 153-172.

Doz Y, Prahalad C K. 1984.Patterns of strategic control within multinational corporations[J]. Journal of International Business Studies, 15（2）: 55-72.

Eisenhardt K M. 1989. Building theories fom case study research[J]. Academy of Management

Review, 14（4）: 532-550.

Eisenhardt K M, Martin M.2000. Dynamic capabilities: what are they? [J]. Strategic Management Journal, 21（10）: 1105-1121.

Ettlie J E, Bridges W P, O'Keefe R D.1984. Organizational strategy and structural differences for radical vs. incremental innovation[J]. Management Science, 30: 682-695.

Faulkner W, Senker J.1994. Making sense of diversity: public-private sector research linkage in three technologies[J]. Research policy, 23（6）: 673-695.

Ferguson L. 2004. External validity, generalizability, and knowledge utilization[J]. Journal of Nursing Scholarship, 36（1）: 16-22.

Figueiredo P N. 2002. Learning processes features and technological capability accumulation: explaining inter-firm differences[J]. Technovation, 22（11）: 685-698.

Flynn B B, Sakakibara S, Schroeder R G, et al. 1990. Empirical research methods in operations management[J]. Journal of Operations Management,（9）: 250-284.

Freeman C, Soete L. 1997. The Economics of Industrial Innovation[M]. London: Loutledge.

Gann D M, Salter A J. 2000. Innovation in project-based, service-enhanced firms: the construction of complex products and systems[J]. Research Policy, 29（7）: 955-972.

Gereffi G.1999. International trade and industrial upgradiong in the apparel commodity chain [J]. Journal of International Economics,（48）: 37-70.

Gereffi G, Humphrey J, Stugeon T. 2005.The governance of global value chains[J]. Review of International Political Economy, 12（1）: 78-104.

Geringer J, Hebert L.1989. Control and performance of international joint ventures[J]. Journal of International Business Studies, 20（2）: 235-254.

Gerring J.2007. Case Study Research: Principles and Practices[M]. Cambridge: Cambridge University Press.

Gersheosn J K, Prasad G J, Zhang Y. 2003.Product modularity: definitions and benefits[J]. Journal of Engineering Design, 14（3）: 295-313.

Giikalp I. 1992. On the analysis of large technical systems[J]. Science, Technology, &Human Values, 17（1）: 57-78.

Glaser B G. 1992. Basies of Gwuded Theory Analysis Emergences[M]. Mill Valley: Sociology Press.

Glynn M A, Kazanjian R. 2010.Fostering innovation in complex product development settings: the role of team member identity and interteam interdependence[J]. Journal of Product Innovation Management, 27（7）: 1082-1095.

Gokpinar B, Hopp W J, Iravani S M R.2010. The impact of misalignment of organizational structure and product architecture on quality in complex product development[J]. Management Science, 56（3）: 468-484.

Grabher G. 2002. Cool projects, boring institutions: temporary collaboration in social context[J]. Regional Studies, 36（3）: 205-214.

Grant R M. 1991. The resource-based theory of competitive advantage: implications for strategy formulation[J]. California Management Review, University of Califormia, 33（3）: 114-136.

Griliches Z.1979. Issues in assessing the contribution of research and development to productivity growth[J]. The Bell Journal of Economics, 10（1）: 92-116.

Hagedoorn J. 1995. Strategic technology partnering during the 1980s: trends, networks and corporate patterns in non-core technologies[J]. Research Policy, 24 (2): 207-231.

Hambrick D C. 1983. High profit strategies in mature capital goods industries: a contingency approach [J]. Academy of Management Journal, 26 (4): 687-707.

Hargrav T J, Vandeven A H. 2006. A collective action model of institutional innovation [J]. Academy of Management Review, 31 (4): 864-888.

Haugbølle K, Forman M, Gottlieb S C. 2012. Driving sustainable innovation through procurement of complex products and systems in construction [J]. Management of Construction: Research to Practice, 17 (6): 444-455.

Heghes T. 1997. Quantitative indicators for complex product systems and their value to the UK economy[C]. Conference Paper for 7th International Forum on Technology Management, Tokyo, Japan.

Helfat C E.1997. Dynamic Capabilities: Understanding Strategic Change in Organizations[M]. Singapore: Blackwell Publishing.

Helfat C E, Finkelstein S, Mitchell W. 1997. Know-how and asset complementarity and dynamic capability accumulation: the case of R&D[J]. Strategic Management Journal, 18 (5): 339-360.

Hennart J F. 1991. The transaction costs theory of joint ventures: an empirical study of Japanese subsidiaries in the United States [J]. Management Science, 37 (4): 483- 497.

Hilbert M, López P. 2011.The world's technological capacity to store, communicate, and compute information[J]. Science, 332 (6025): 60-65.

Hillman A, Hitt M. 1999. Corporate political strategy formulation: a model of approach, participation and strategy decisions[J].Academy of Management Review, 24 (4): 825-842.

Hit M A, Hoskisson R E, Johnson R A, et al.1996. The market for corporate control and firm innovation[J]. Academy of Management Journal, 39 (5): 1084-1119.

Hitt W D. 1996. The learning organization: some reflections on organizational renewal[J]. Employee Councelling Today, 8 (7): 16-25.

Hobday M.1996. Complex system vs mass production industries: a new innovation research agenda [C]. Paper Prepared for CENTRIM/SPRU/OU Project on Complex Product Systems, EPSRC Technology Management Initiative, GR/K/31756.

Hobday M.1998. Product complexity, innovation and industrial organization[J]. Research Policy, (26): 689-710.

Hobday M, Rush H. 1999. Technology management in complex product systems (CoPS): ten questions answered[J]. International Journal of Technology Management, 17 (6): 618-638.

Hoezen M, van Rutten J, Voordijk H, et al. 2010. Towards better customized service - led contracts through the competitive dialogue procedure[J]. Construction Management and Economics, 28 (11): 1177-1186.

Holsti O R.1969. Content Analysis for the Social Sciences and Hu-manities[M]. Upper Saddle River: Addison-Wesley.

Hot M A, Hoskisson R E, Johnson R A, et al.1996. The market for corporate control and firm innovation[J]. Academy of Management Journal, 39 (5): 1084-1119.

Howard P, Westph A L L. 1986.Industrial strategy and technological change: theory versus reality[J].

Journal of Development Economics, 22 (1): 87-128.

Humphrey J, Schmitz H. 2000. Governance and Upgrading: Linking Industrial Cluster and Global Value Chain Research[M]. Brighton: Institute of Development Studies.

Hunt S D, Morgan R M.1995. The comparative advantage theory of competition[J].Journal of Marketing, 59 (2): 1-15.

Iansiti M. 1995. TeTechnology integration: Managing technological evolution in a complex environment[J]. Research Policy, 24 (4): 521-542.

Jafari M, Fathian M, Jahani A, et al.2008. Exp loring the contextual dimensions of organization from knowledge management perspective[J]. The Journal of Information and Knowledge Management Systems, 38 (1): 53-71.

Jensen M C. 1993. The modern industrial revolution, exit, and the failure of internal control systems[J]. The Journal of Finance, 48 (3): 831-880.

Johnson R B M, Onwuegbuzie A J. 2004. Mixed methods research: a research paradigm whose time has come[J]. Educational Researcher, 33 (7): 14-26.

Kamien M I, Schwartz N L.1991. Dynamic Optimization: The Calculus of Variations and Optimal Control in Economics and Management[M]. New York: North-Holland.

Kaplan R S, Norton D P.1996. Using the balanced scorecard as a strategic management system[J]. Harvard Business Review, 74 (1): 75-85.

Kash D E, Rycroft R. 2002a. Emerging patterns of complex technological innovation[J]. Technological Forecasting and Social Change, (69): 581-606.

Kash D E, Rycroft R W.2000b.Patterns of innovating complex technologies: a framework for adaptive network strategies [J]. Research Policy, (29): 819-831.

Keim G D, Zeithaml C P.1986. Corporate political strategy and legislative decision making: a review and contingency approach[J]. Academy of Management Review, 11 (4): 828-843.

Keskin H. 2006. Market orientation, learning orientation, and innovation capabilities in SMEs: an extended model[J]. European Journal of Innovation Management, 9 (4): 396-417.

Khanna T, Palepu K. 1997. Why focused strategies may be wrong for emerging markets[J].Harvard Business Review, 75 (4): 41-51.

Kim L, Nelson R R.2000. Technology, Learning, and Innovation: Experiences of Newly Industrializing Economies[M]. Cambridge: Cambridge University Press.

Koellinger P. 2008.The relationship between technology, innovation, and firm performance—empirical evidence from e-business in Europe[J]. Research Policy, 37 (8): 1317-1328.

Kogut B, Zander U. 1992. Knowledge of the firm, combinative capabilities, and the replication of technology[J]. Organization Science, 3 (3): 383-397.

Koschatzky K, Sternbery R. 2000.R&D cooperation in innovation systems—some lessons from the European Regional Innovation Survey (ERIS)[J]. European Planning Studies, 8(4): 487-501.

Lawson B, Samson D. 2001. Developing innovation capability in organisations: a dynamic capabilities approach[J]. International Journal of Innovation Management, 5 (3): 377-400.

Lazonick W, Prenicpe A. 2005. Dynamic capabilities and sustained innovation: strategic control and financial commitment at Rolls-Royce plc[J]. Industrial and Corporate Change, 14(3): 501-542.

Lee K, Peng M W. 2008. From diversification premium to diversification discount during institutional transitions[J]. Journal of World Bunisness, 43（1）, 47-65.

Leifer R, Mcdermott M.2000. Radical Innovation—How Mature Company Can Outsmart Upstarts[M]. Boston: Harvard Business School Press.

Lin B-W. 2003. Technology transfer as technological learning: a source of competitive advantage for firms with limited R&D resources[J]. R&D Management, 33（3）: 327-341.

Maccormack A, Baldwin C, Rusnak J. 2012. Exploring the duality between product and organizational architectures: a test of the "mirroring" hypothesis[J]. Research Policy, 41（8）: 1309-1324.

Marceau J, Martinez C. 2002. Selling solutions: product-service packages as links between new and old economies[C]. Industrial Dynamics of the New and Old Economy-Who is Embracing Whom, Sydey.

Markides C C. 1998. Strategic innovation in established companies[J]. Sloan Management Review, 39（3）: 31-42.

Martinez J I, Jarillo J C.1991. Coordiation demands of international strategies[J]. Journal of International Business Studies, 22,（3）: 429- 444.

Martinez M T, Fouletier P, Park K H, et al. 2001. Virtual enterprise-organization, evolution and control[J]. International Journal of Production Economics, 74（1）: 225-238.

Mayers D, Shivdasni A, Smith Jr C W. 1997. Board composition and corporate control: evidence from the insurance industry[J]. Journal of Business, 70（1）: 33-62.

Mayntz R, Hughes T P. 1988. The Development of Large Technical Systems[M]. New York: Campus Verlag.

Metcalfe J S. 1998. Evolutionary Economics and Creative Destruction[M]. London: Routledge.

Miles M B. 1979. Qualitative data as an attractive nuisance: the problem of analysis[J]. Administrative Science Quarterly,（24）: 590-601

Miller R, Hobday M, Leroux-demers T, et al. 1995. Innovation in complex systems industries: the case of flight simulation[J]. Industrial and Corporate Change, 4（2）: 363-400.

Montero J P. 2002.Permits, standards, and technology innovation[J]. Journal of Environmental conomics and Management, 44（1）: 23-44.

Moom C W. 1998. Technological capability as a determinant of governance form in international strategic combinations[J]. The Journal of High Technology Management Research, 9（1）: 35-53.

Mowery D C, Rosenberg N, 1982. Government policy and innovation in the commercial aircraft industry[J].Government and Technical Progress: A Cross-Industry Analysis,（2）: 1925-1975.

Nelson R R, Winter S G. 1982. An Evolutionary Theory of Economic Change[M]. Cambridge: Harvard University Press.

Neu M A, Brow S W. 2005. Forming successful business-to-business services in goods-dominant firms[J]. Journal of Service Research, 8（1）: 3-17.

Ordys A W, Pike A W, Johnson M A, et al.1994. Modelling and Simulation of Power Generation Plants. Advances in Industrial Control[M]. London: Springer-Verlag.

Panda H, Ramanthan K. 1995. The role of technological capability in value addition: the case of firms in the electricity sector[J]. Technology Management,（2）: 84-100.

Parashar M, Singh S K.2005. Innovation capability[J]. Indian Institute of Management Bangalore Management Review, 17（4）: 115-123.

Park T Y. 2012. How a latecomer succeeded in a complex product system industry: three case studies in the Korean telecommunication systems[J]. Industrial and Corporate Change, (1): 1-34.

Peng M W, Heath P S. 1996. The growth of the firm in planned economies in transition: institutions, organizations, and strategic choice[J]. Academy of Management Review, 21 (2): 492-528.

Perrow C. 1967. A framework for the comparative analysis of organizations[J]. American Sociological Review, 32 (2): 194-208.

Pnayides P. 2006. Enhancing innovation capability through relationship management and implications for performance[J]. European Journal of Innovation Management, 9 (4): 466-483.

Porter M E.1985. Competitive Advantage[M]. New York: The Free Press.

Prencipe A.2000. Breadth and depth of technological capabilities aircraft engine control system[J]. Research Policy, 29 (7~8): 895-911.

Quinn J B.1999. Strategic outsourcing: leveraging knowledge capabilities[J]. Sloan Management Review, 40 (4): 9-21.

Rademakers M.2005. Corporate universities: driving force of knowledge innovation[J]. Journal of Workplace Learning, 17 (1~2): 130-136.

Raisch S, Birkinshaw J.2008.Organizational ambidexterity: antecedents, outcomes, and moderators[J]. Journal of Management, 34 (3): 375-409.

Raymond V, Aharoni Y.1981.State-owned Enterprise in the Western Economies[M]. Abingdon: Taylor & Francis.

Romijn H, Albaladejo M. 2002. Determinants of innovation capability in small electronics and software firms in southeast England[J]. Research Policy, 31 (7): 1053-1067.

Scholz S W, Meibner M, Decker R.2010. Measuring consumer preferences for complex products: a compositional approach based on paired comparisons[J]. Journal of Marketing Research, 47(4): 685-698.

Schuler D A, Rehbein K, Cramer R D.2002.Pursuing strategic advantage through political means: a multivariate approach [J]. Academy of Management Journal, 45 (4): 659-672.

Schumpeter J A. 1934. Capitalism, Socialism and Democracy[M]. New York: Harper & Row.

Shenhar A J.1993. From low-to high-tech project management[J]. R&D Management, 23 (3): 199-214.

Shenhar A J. 1994. A new conceptual framework for modern project management[J]. Management of Technology, IV, 21 (3): 158-169.

Shenhar A J, Dvir D.1996. Toward a typological theory of project management[J]. Research Policy, 25 (4): 607-632.

Shenhar A J, Levy O, Dvir B.1997. Mapping the dimensions of project's success[J]. Project Management Journal, (28): 5-13.

Simpson T W. 2004.Product platform design and customization: status and promise[J]. AI EDAM: Artificial Intelligence for Engineering Design, Analysis and Manufacturing, 18 (1): 3-20.

Sosa M E, Eppinger S D, Rowles C M. 2004. The misalignment of product architecture and organizational structure in complex product development[J]. Management Science, 50 (12): 1674-1689.

Stata R. 1989. Organizational learning-the key to management innovation[J]. Sloan Management Review, 63 (1): 63-73.

Storey D J, Tether B S. 1998. New technology-based firms in the European union: an introduction[J]. Research Policy, 26（9）: 933-946.

Strauss A, Corbin J. 1990. Basics of Qualitative Research: Grounded Theory Procedures and Techniques[M]. Newbury Park: Sage Publications.

Strauss A, Corbin J. 1998. Basics of Qualitative Research: Techniques and Procedures for Developing Grounded Theory（2nd ed.）[M]. Los Angeles: Thousand Oaks.

Sundbo J, Gallouj F.2004. Innovation as a loosely coup led system in services[J]. International Journal of Services Technology and Management, 1（1）: 15-36.

Tatikonda M, Rosenthal S R. 2000. Technology novelty, project complexity and product development project execution success: a deeper look at task uncertainty in product innovation[J]. IEEE Transaction on Engineering Management, 47（1）: 74-87.

Teece D J, Pisano G. 1994. The dynamic capabilities of firm: an introduction[J]. Industrial and Corporate Change, 3（3）: 537-556.

Terziovski M. 2007. Building Innovation Capability in Organizations: An International Cross-case Perspective[M]. London: Imperial College Press.

Thornhill S. 2000. Knowledge, Innovation, and Economic Growth: The Theory and Practice of Learning Regions[M]. Cheltenham: Edward Elgar Publishing.

Tidd J. 2003. Service Innovation: Organizational Responses to Technological Opportunities and Market Imperatives[M]. London: Imperial College Press.

Tushman M, O'Reilly C. 1996. Evolution and revolution: mastering the dynamics of innovation and change[J]. California Management Review, 38（4）: 8-30.

Tushrnan M L, Adnerson P. 1986. Technological discontinuities and organizational environments[J]. Administrative Science Quarterly,（31）: 439-465.

Uttervack J M, Abernathy W J. 1975. A dynamic model of product and process innovation[J]. Omega, 3（6）: 639-656.

Weerawardena J. 2003. The role of marketing capability in innovation-based competitive strategy[J]. Journal of Strategic Marketing, 11（1）: 15-35.

Winter S G.2003. Understanding dynamic capabilities[J]. Strategic Management Journal, 24（10）: 991-995.

Woodward J. 1958. Management and Technology[M]. London: Her Majesty's Stationery Office.

Wucherer K. 2006. Business partnering—a driving force for innovation[J]. Industrial Marketing Management, 35（1）: 91-102.

Yam R, Lo W, Tang E P Y, et al. 2011. Analysis of sources of innovation, technological innovation capabilities, and performance: an empirical study of Hong Kong manufacturing industries[J]. Research Policy, 40（3）: 391-402.

Yin R K. 1994. Case Study Research: Design and Methods[M]. London: Sage.

Yin R K. 2003. Case Studies Research: Design and Methods[M]. London: Sage.

Yin R K. 2004. The case study anthology[M]. London: Sage.

Yin R K. 2008. Case Study Research: Design and Methods[M]. London: Sage.

附录 A　复杂产品系统集成商创新控制力研究调查问卷

尊敬的先生/女士，您好！

非常感谢您能在百忙之中抽出时间完成我们的调查问卷。复杂产品系统是指研发投入大、技术含量高、生产周期长、单件或小批量定制化生产的大型产品、系统或基础设施。复杂产品系统集成商创新能力的高低直接决定着整个制造业生产效率的提高，且可以带动整个产业的技术升级与产业发展。我们将影响复杂产品系统集成商创新能力的关键影响因素称之为创新控制力，本次调查的目的是了解能够提高贵公司的产品或技术创新绩效的影响因素，以期为我国复杂产品系统制造企业的创新实践提供指导。

本问卷中所涉及的一切信息仅供我们的统计研究使用，在任何情况下都会对被访企业或被访谈人的资料严格保密。希望您能基于企业和个人的实际情况认真回答，请您对问卷中的每个题项均给予作答，并请在相应的□内或相应数字打"√"或"＿"填写，所有选项均为单选。谢谢您的支持与合作。

一、基本信息

贵公司名称：_____

贵公司所在区域（省/自治区/直辖市）：_____

贵公司所属行业类别：_____

您的性别：□男　　　　　□女

您的年龄：□小于20岁　□21~30岁　□31~40岁　□41~50岁　□50岁以上

贵公司的成立时间：□小于5年　　□5~10年　　□11~15年　　□15~20年
□20年以上

贵公司的员工人数：□200人以下　　□200~500人　　□500~1 000人
□1 000人以上

二、复杂产品系统集成商创新控制力因素调查

请您根据您的认同程度回答下列问题，1表示"非常不同意"，2表示"比较不同意"，3表示"不同意"，4表示"比较同意"，5表示"非常同意"。请在您认为最符合您观点的等级上画"√"。

关于复杂产品系统创新影响因素问题，您是否同意以下说法	1	2	3	4	5
复杂产品系统行业受到国家的行政垄断					
复杂产品系统行业的规模经济形成行业进入壁垒					
复杂产品系统企业以联合体的形式进行投标					
复杂产品系统企业市场准入制度受到国家的严格控制					
复杂产品系统集成商坚持以我为主控制产品开发过程					

关于复杂产品系统创新影响因素问题，您是否同意以下说法	1	2	3	4	5
复杂产品系统创新要拥有自己的产品平台					
复杂产品系统创新要引进并消化吸收国外先进技术					
复杂产品系统创新要注重与国内外企业的合作					
复杂产品系统集成商高层管理者运用社会资本能力促进产品创新					
复杂产品系统集成商搜索政策的能力促进产品创新					
复杂产品系统集成商的组织学习能力促进产品创新					
复杂产品系统集成商管理合作组织网络的能力促进复杂产品系统创新					
复杂产品系统集成商的集成能力促进复杂产品系统创新					

三、复杂产品系统创新市场控制力因素调查

请您根据您的认同程度回答下列问题，1 表示"非常不同意"，2 表示"比较不同意"，3 表示"不同意"，4 表示"比较同意"，5 表示"非常同意"。请在您认为最符合您观点的等级上画"√"。

您是否同意下列因素属于复杂产品系统市场控制力	1	2	3	4	5
政府的调控和管制					
加强客户售后服务					
以联合体的形式进行投标					
国家政策的支持					
以客户需求为导向进行研发					
产品差异化					
制定或参与制定行业标准					
技术领先					
建立战略联盟					
获取市场订单					
与客户建立合作关系					
发展和维护与政府的政治关联					
规模经济形成的行业进入壁垒					
协同创新					
应对市场竞争的先发战略					

再次真诚地感谢您接受我们的问卷调查，为我们提供的宝贵信息，祝您一切顺利！
如果您希望了解调查结果，收到本次调查报告，请留下您的 Email：_____

大连理工大学管理与经济学部
"PORC 框架下的国家自主创新体系国际化理论与政策研究"重点课题组
Email：porcinnovation@126.com

附录 B 大连机车产品创新网络控制力研究调查问卷

尊敬的先生/女士，您好！

很荣幸能有机会到大连机车这样具有百余年发展历史的公司进行调研，我们课题组对贵公司在研制内燃机车、电力机车、柴油机、城市轨道车辆等产品过程中，所表现出来的创新控制力和创新网络控制力非常关注。因此，此次调研主要是对贵公司在研制 DF$_4$、DJ$_3$ 和 HXD$_3$B 三类产品过程中的所表现出来的创新网络控制力进行调查分析。

本问卷中所涉及的一切信息仅供我们的统计研究使用，在任何情况下都会对贵公司或被访谈人的资料严格保密。希望您能基于大连机车和个人的实际情况认真回答，并对问卷中的每个题项均给予作答，请在您认为最符合您的观点的等级上画"√"，1 表示"非常不同意"，2 表示"比较不同意"，3 表示"不同意"，4 表示"比较同意"，5 表示"非常同意"。谢谢您的支持与合作。

一、大连机车第一阶段创新网络控制力调查

我们公司在研制 DF$_4$ 的过程中，您是否同意下列说法	1	2	3	4	5
我们公司能够抓住 DF$_4$ 生产的核心（高附加值）环节					
我们公司会按照能力选择不同的模块供应商联合生产					
我们公司能够控制或影响价值链条中的其他合作者					
我们公司能与 DF$_4$ 的项目合作成员构建良好的合作关系					
我们公司能够塑造 DF$_4$ 项目合作成员的共同远景与目标					
我们公司能与 DF$_4$ 项目的合作成员建立共同的规则					
我们公司善于从外部得到咨询意见和指导					
我们公司平时注意记录和积累各种点滴的想法、知识与经验					
我们公司将东风$_4$的相关知识和经验整理得井井有条，保存和使用都很方便					

二、大连机车第二阶段创新网络控制力调查

我们公司在研制 DJ$_3$ 的过程中，您是否同意下列说法	1	2	3	4	5
我们公司能够抓住 DJ$_3$ 生产的核心（高附加值）环节					
我们公司会按照能力选择不同的模块供应商联合生产					
我们公司能够控制或影响价值链条中的其他合作者					
我们公司能与 DJ$_3$ 的项目合作成员构建良好的合作关系					
我们公司能够塑造 DJ$_3$ 项目合作成员的共同远景与目标					
我们公司能与 DJ$_3$ 的项目合作成员建立共同的规则					
我们公司善于从外部得到咨询意见和指导					
我们公司平时注意记录和积累各种点滴的想法、知识与经验					
我们公司将 DJ$_3$ 的相关知识和经验整理得井井有条，保存和使用都很方便					

三、大连机车第三阶段创新网络控制力调查

我们公司在研制 HXD$_3$B 的过程中，您是否同意下列说法	1	2	3	4	5
我们公司能够抓住 HXD$_3$B 生产的核心（高附加值）环节					
我们公司会按照能力选择不同的模块供应商联合生产					
我们公司能够控制或影响价值链条中的其他合作者					
我们公司能与 HXD$_3$B 的项目合作成员构建良好的合作关系					
我们公司能够塑造 HXD$_3$B 项目合作成员的共同远景与目标					
我们公司能与 HXD$_3$B 的项目合作成员建立共同的规则					
我们公司善于从外部得到咨询意见和指导					
我们公司平时注意记录和积累各种点滴的想法、知识和经验					
我们公司将 HXD$_3$B 的相关知识和经验整理得井井有条，保存和使用都很方便					

再次真诚感谢您接受我们的问卷调查，为我们提供宝贵信息，祝您一切顺利！
如果您希望了解调查结果，收到本次调查报告，请留下您的 Email：＿＿＿＿＿

大连理工大学管理与经济学部
"PORC 框架下的国家自主创新体系国际化理论与政策研究"重点课题组
Email：porcinnovation@126.com